U0133237

诺贝尔奖得主的成功之路

(物理学篇)

诺贝尔奖得主青少年时代的教育研究课题组 编著

社会科学文献出版社

编委会名单(物理篇)

前　言

若问近百年来世界科学取得了哪些重大成果，人们首先会从诺贝尔奖所表彰过的奖项中寻找；若问近百年来世界上有哪些最为杰出的科学家，人们首先想到的会是诺贝尔奖获得者。诺贝尔奖获得者给人类创造的共同财富不仅是科学研究的重大成果，而且也包括他们所走过的学习和研究的道路给后人带来的启示。在当今全国实施基础教育课程改革的背景下，研究诺贝尔奖获得者的生活和学习经历对他们后来走向成功之路的影响，提炼他们获得成功的主要因素，对于培养创造型人才具有特殊的重要意义。

《诺贝尔奖得主的成功之路》就是这样一套介绍诺贝尔奖得主生活、学习经历的丛书。这套丛书由“诺贝尔奖得主青少年时代的教育研究”课题组编写的。该课题组是由山东省威海市的教育科学研究工作者、中小学教师与清华大学、哈尔滨工业大学专门从事科学史研究的教授共同组成的科学研究团体。几年来，课题组对部分诺贝尔奖得主的家庭背景、求学经历、工作方法等方面进行了研究，旨在配合基础教育课程改革的推进，加强对学生情感、态度和价值观方面的引导，帮助学生领会科学方法、科学态度和科学精神。本套《丛书》即是课题研究成果的一部分，《丛书》包括小学读本和中学读本共四册。小学读本介绍的是诺贝尔奖部分获奖者成长中的故事，中学读本分为“物理学篇”、“化学篇”

和“生理学或医学篇”三个分册，分别介绍诺贝尔自然科学三个奖项部分获奖者的成长过程。书中既有特殊的个案，也有普遍的规律。《丛书》采用通俗直白的语言，浅显易懂的方式，将获诺贝尔奖科学家各自不同的心路历程和事业轨迹呈现于读者面前。除此之外，书中还针对他们不同的经历，对学校教育、家庭教育等问题发表了看法，对人才培养的环境与机制进行了探讨，向读者展示了诺贝尔的摇篮到底是如何编织的。除文字部分外，书中还配有获奖者照片、获奖者简介、获奖原因介绍以及插图，适合于学生、教师、家长、科研工作者和科学史研究工作者阅读。

儿童成为科学家的原因或许就在于和一本好书的某一次亲密接触。一个个成功者的故事，也许会让他们领悟到些什么。诺贝尔奖诞生一个世纪了，它已成为人类文明的重要标志。点亮诺贝尔科学奖指点航线的灯塔，给后来者以有益的启迪，亦是我们俯仰文明之峰的幸运收获。

在本书的编写过程中，清华大学郭奕玲、沈慧君教授给我们提出了大量指导性的意见，并提供了部分的图片和文字资料。哈尔滨工业大学的杨向明教授也给予我们一定的帮助，在此一并表示感谢。本书的出版得到社会科学文献出版社的有关领导和编辑的大力支持，并付出了辛勤的劳动，我们向他们表示由衷的谢意。

目　录

最后把目光停在伦琴身上。这位学习成绩平常，却有点傲气的学生，眼睛还看着天花板呢。“伦琴！这是谁干的？”校长指着漫画问。“对不起，校长，我没有注意到这件事。”伦琴故作镇静地回答道。“撒谎！我看见你在大笑！如果不是你画的，那你一定知道是谁画的。今天你必须说出他是谁！”校长严厉地说道。伦琴不再说话了。在伦琴的心目中，告密者是出卖朋友的小人，他绝对不做这样的人。后来，伦琴被叫到了办公室，老师一再盘问：“你是想当好学生呢，还是想包庇做了错事的同学？”“老师，您不是告诫我们要忠实于朋友，万万不能做告密的事吗？”伦琴反问道。老师和校长的“尊严”不能容忍伦琴的沉默，为此，学校召开了一次紧急会议，决定开除拒不透露违反纪律同学姓名的伦琴。

被学校开除就意味着失去了考大学的资格，不仅如此，被开除一事在很长时间里还影响着伦琴在其他方面的发展。但困难没有压倒伦琴，反而更激发了他努力奋发的精神，困难也没有改变他的性格，他仍然执着地坚持他认准了的道理。现在，伦琴意识到了学习的重要性，因为摆在他面前的只有考上苏黎世综合技术学院这一条路了。伦琴发奋了，他放弃了自己的许多爱好，付出了比别人多几倍的努力，用了几乎一年的时间专心学习和补习各门功课。功夫不负有心人，1865 年，伦琴如愿以偿地考取了苏黎世综合技术学院。又经过了 3 年的努力，伦琴在毕业考试中取得了优异的成绩，获得了工程师证书。

这时的伦琴兴趣转到基础科学研究方面了，著名的物理学教授孔特在年青的伦琴身上看出他具有优秀物理学家的品质，请伦琴作了他的助手。伦琴帮助孔特组织了一个实验物理研究所。伦琴和孔特之间的关系是很融洽的，在他们多年的合作当中，只有一次发生过严重的磨擦。研究所里有一个房间是孔特存放精密仪器和玻璃器皿的地方，他不许任何人触动这些东西。偏偏伦琴藐视这个禁例，在一个星期天的下午，当他侵犯这个禁地的时候，正好被孔特碰到。于是两个性格暴躁的人发生了冲突。可是不久孔特相信伦琴是一个诚实无欺的人，这段插曲也就忘掉了。

后来孔特教授担任维尔茨堡物理学讲座时，也把伦琴带了去。在孔特教授的帮助下，伦琴在学术上进步很快。当伦琴已经成为著名的科学家时，他仍然没有忘记孔特教授的教诲。1896 年，伦琴在接受伦敦皇家朗福德奖时，眼含热泪地说："我今日的荣誉应归功于在天的孔特教授。……朋友们，研究学问犹如在黑暗中摸索，多么需要温暖、友谊和帮助啊！"

偶然中的必然

19 世纪末，阴极射线研究是物理学的热门课题。许多物理实验室都致力于此。伦琴对这个问题也颇感兴趣。1895 年 11 月 8 日，当伦琴从事阴极射线研究的实验时，一个偶发事件引起了他的注意。当时，放电管是用黑纸包严的，房间一片漆黑。突然，伦琴发现在离放电管不到一米远的小桌上有一块荧光屏发出闪光。他很奇怪，就移远了荧光屏继续试验。只见荧光屏的闪光，仍随放电的过程断续出现。他又取来各种不同的物品，包括书本、木板、铝片等等，放在放电管和荧光屏之间，发现这些物品有的挡不住，有的能起一定的阻挡作用，效果很不一样。伦琴意识到自己看到的可能是某种特殊的从来没有观察到过的射线，它具有特别强的穿透力。于是，立刻集中全部精力进行研究。他把密封在木盒中的砝码放在这一射线下拍照，得到了模糊的砝码照片；他把指南针拿来拍照，得到了金属边框的痕迹；他把金属片拿来拍照，拍出了金属片内部不均匀的情况。他深深地沉浸在这一新奇现象的探索中，达到了废寝忘食的地步。一连许多天，他把自己关在实验室里，连自己的助手和家人都未告知在做什么。平时一直帮他工作的夫人感到他举止有异，甚至以为他有什么事情瞒着自己。6 个星期以后，伦琴已经确认这是一种新的射线，才告诉自己的亲人。1895 年 12 月 22 日，他邀请夫人来到实验室，让她观看自己的发现。为了让夫人体验一下新发现的射线，他用放电管对准妻子的手。一会儿，伦琴把冲洗好了的底片拿给妻子，令她大为震惊的是自己手部的骨骼清楚可见，这样的图像太使人感到恐怖了。“这是什么射线，竟有如此大的穿透力？”伦琴夫人不解地问道。伦琴这才想起来，还没有给这个射线起名字呢。既然对这种射线发生的原理还不清楚，“就叫它 X 射线吧，X 表示未知嘛！”伦琴脱口而出。

1895 年年底，他以通信的方式将这一发现公之于众，题为《一种新射线》。这时，有一些物理学家们才开始懊悔自己没有追究实验室内照相底片“曝光”的问题。也有的物理学家责备自己把照相底片感光的原因，错误地归于阴极射线作用的结果。还有一位物理学家声称，他发现 X 射线是在伦琴之前，只是由于不愿中断正常的研究工作而未发表。的确，这个发现完全有条件在 20 年前的任何实验室完成。可是，如果伦琴对这一“科学的闪光”漫不经心，轻易放过这一重要线索，或是不深入思索，轻率地把它归于任何一种别的原因，那么，X 光还是发现不了。所以，发现 X 射线对于他来说是偶然的，也是必然的。

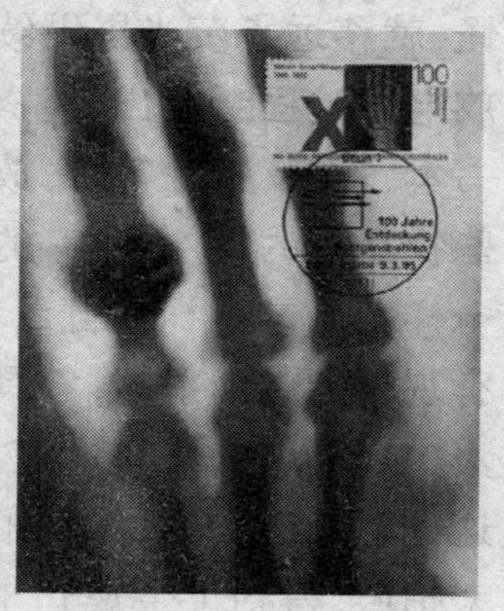

1939 年 4 月德占但泽自由市发行的第一枚伦琴邮票：X 光在医疗诊断中的应用和发展

君子之泽必百世

发现 X 射线的消息很快就传遍了全球。由于这一射线具有强大的穿透力，能够显示人体骨骼和薄金属中的缺陷，在医疗和金属检测上有重大的应用价值，因此引起了人们极大的兴趣。一个月内许多国家竞相开展类似的试验，X射线首先被迅速应用于医学，成为透视人体、检查伤病的有力工具。后来X射线的应用范围又发展到金属探伤和工业技术领域。一股由X射线带来的热潮席卷欧美。

除应用价值之外，X射线的发现对自然科学发展的意义也很巨大，它像一根导火线，引起了一连串的反应。许多科学家投身于X射线和阴极射线的研究，从而导致了放射性、电子以及α、β射线的发现，这些发现为原子科学的发展奠定了基础。同时，科学家在探索X射线本质的过程中，发现了它的衍射现象，由此打开了晶体结构研究的大门；根据晶体衍射的数据，又可以精确地求出阿伏伽德罗常数。在研究X射线的性质时，人们还发现X射线具有标识谱线的作用，由此可以确定原子序数，并了解原子内层电子的分布情况。此外，X射线的性质也为光的波粒二象性提供了重要证据。

伦琴对科学的贡献是多方面的，除X射线外，在50年的研究工作中，伦琴还取得了多项研究成果，一生一共发表了50多篇论文。他在研究电磁现象中发现了一种假想的电流，人们把它称之为伦琴电流。此外，伦琴还在弹性、液体的毛细作用、气体比热、热在晶体中的传导、压电效应以及偏振光的磁致旋转等方面也都有研究。

X光管与原子结构图诞辰百年纪

对伦琴的伟大贡献，科学界给予了恰当的评价。普鲁士科学院在祝贺伦琴获得博士学位50周年的贺信中写道："科学史表明，每一个发现通常都在成就和机遇之间存在一种特殊的联系，而许多不完全了解事实的人，可能会倾向于把这一特殊事例大部分归功于机遇。但是只要深入了解您独特的科学个性，谁都会理解这一伟大发现应归功于您这位摆脱了任何偏见，将完美的实验艺术和极其严谨自觉的态度结合在一起的研究者。"但伦琴自己却是那么谦虚而高尚，他无条件地把X射线的发现奉献给全人类，自己没有申请专利。他甚至没有在1901年首届诺贝尔物理学奖颁奖大会上发表演说。他不愿在公共场合上露面，更不高兴接受人们的赞扬和吹捧。为了避开人们的访问和庆贺，他多次远离柏林，躲到乡下去生活。但人们至今仍然在享受着他的伟大发现：在医院里，在工厂中，在各种科研机构……人们正利用X射线做着各种各样的工作。

科学界的“艺术家”

——1907 年诺贝尔物理学奖获得者
阿尔伯特·亚伯拉罕·迈克尔逊

阿尔伯特·亚伯拉罕·迈克尔逊(Albert Abrahan Michelson, 1852—1931)美籍德裔实验物理学家,因创制精密的光学仪器及将这些仪器应用于光学精密计量和光谱学研究获1907 年诺贝尔物理学奖。

迈克尔逊是美国第一位获得诺贝尔奖的物理学家。以能够空前精确地测量光速和进行以太漂移实验而闻名于世。他一生致力于创制光学精密仪器并应用它们进行精细测量,精益求精,自得其乐,不知不觉间已站在了科学的巅峰。

科学艺术的启蒙教育

迈克尔逊生于一个商人家庭。小的时候因为父亲生

意失败，一家人的生活陷入了困境。为了生计，父亲决定去美洲大陆“淘金”。就这样，4 岁的迈克尔逊和父母、哥哥一起乘一艘货船经纽约和巴拿马到了旧金山。

贫困的家境，流离的生活使一家人饱受磨难，但也培养了小迈克尔逊不怕困难、坚韧不拔的意志品质。他很小就学会了安排自己的生活，在学校里是一个勤奋刻苦的好学生。

小学毕业后，迈克尔逊升入旧金山男子中学。他优异的学业成绩，特别是在实验方面表现出来的非凡才能，深得校长布雷德利赏识。为了方便迈克尔逊学习，校长让迈克尔逊寄宿在自己家里并安排他管理学校的实验仪器，这使得小迈克尔逊有机会完成更多的实验，课余时间他经常和各种仪器一起度过。长期的动手实践和深入思考，使他逐渐对实验有了更深入的了解。他开始领略到了实验设计精巧独到的艺术之美，兴趣加上勤奋，使他的实验水平提高很快。有时他还会对课本上的实验提出改进意见，其精辟的见解连老师也感到惊讶。布雷德利校长的爱心和巧妙的安排，开启了小迈克尔逊心灵的科学之门。

16 岁时迈克尔逊中学毕业，在布雷德利的建议下，他参加了美国海军学院的选拔考试。他的考试成绩与另外两个学生并列第一，但遗憾的是他们当中只有一人可以被录取，迈克尔逊落选了。他不甘服从命运的安排，说服一位国会议员，给他写了一封推荐信。1869 年，他手持议员的推荐信来到华盛顿，到白宫申诉。格兰特总统接见了他，听完迈克尔逊的陈述后，格兰特总统说："以你的情况，我认为可以见见海军学院的司令官，或许他会有办法。"按照格兰特总统的提议，他又到安纳波利斯去见了海军学院的司令官，从他那里终于获得了一个特准入学的名额。依靠自己的坚韧和执着，迈克尔逊如愿以偿。

将科学变成了艺术

在大学里，迈克尔逊系统地学习了物理学和数学。1873 年从海军学院毕业后，留校任物理学科教师。在教授物理课时，迈克尔逊对 1862 年傅科在地面上测量光速的实验产生了兴趣。他认真地分析了傅科的实验，然后从岳父那里借到了 2000 美元，开始对傅科的实验加以改进和完善。1879 年，他测得的光速为 299910 ± 50 千米/秒，他的实验报告被刊登在了《纽约时报》的头版上。这次测量只是迈克尔逊测量光速成功的开始，以后的 40 年中，再也没有人比他做得更好。此后，他又在一项由政府发起的研究计划中，与航海历书局局长纽科姆合作，对光速的测量作了进一步改进，得到了更为精确的结果。1923 年，时年 71 岁的迈克

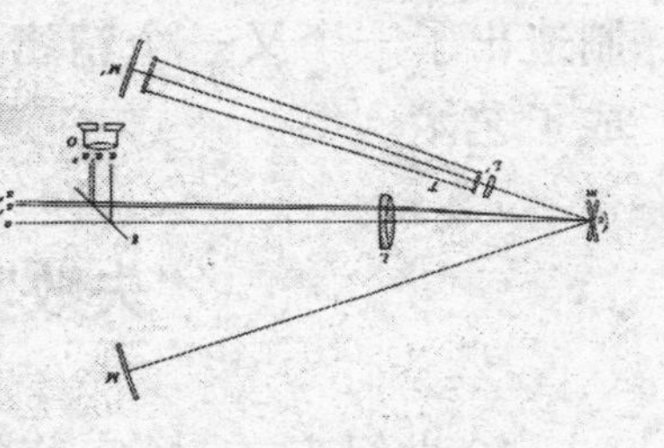
傅科用旋转镜法测光速的原理图

尔逊再次将两面镜子安放在加利福尼亚两座相距 35 千米的山上，将自己保持的光速测量记录刷新为 299796 ± 4 千米/秒。这是一个相当精确的结论。以后很长的一段时间里，它都被当作光速的标准值。当有人问起这次测量的意义时，他笑了："真正的意义是这个测量太有趣了。"是的，迈克尔逊从不空谈理想，对荣誉和称赞他总是淡然处之。他的最大乐趣来自对实验本身的美和所用方法的精湛的追求，正是这种执着的追求和对科学技术的深刻理解感悟，使他设计出了一个又一个巧妙的实验，制造出了一个又一个精密的仪器，使科学在他的手中变成了艺术。

"失败"的成功者

19 世纪末，一场空前的物理学变革正在孕育中，新的科学发现不断冲击着经典物理学大厦。以往看似完美的物理学大厦出现了漏洞。在这场变革中对光本性的认识也成为科学家们争论的焦点之一。当时，尽管"光是一种波"的观念已被人们普遍接受，但关于光的传播现象还存在着不同的见解。为了解释光传播现象，许多物理学家假设了光传播的介质——以太。他们认为，以太是无所不在的，并且在宇宙中静止不动，光就靠以太传播。迈克尔逊坚信"以太"的存在。

在欧洲留学期间，迈克尔逊发明了一种可以测定微小长度的干涉仪,他要用这台仪器证实“以太”的存在(即以太漂移实验)。他的第一次以太漂移实验是在柏林做的,因震动干扰太大,无法进行观测。在波茨坦天文物理观象台的实验室,他又进行了一次,但实验的结果是以太漂移速度为零,仍让他大失所望。对于实验失败的原因,他坚持认为这是仪器不够精密造成的。从此以后,设计仪器和用仪器测量成了迈克尔逊的主要工作。

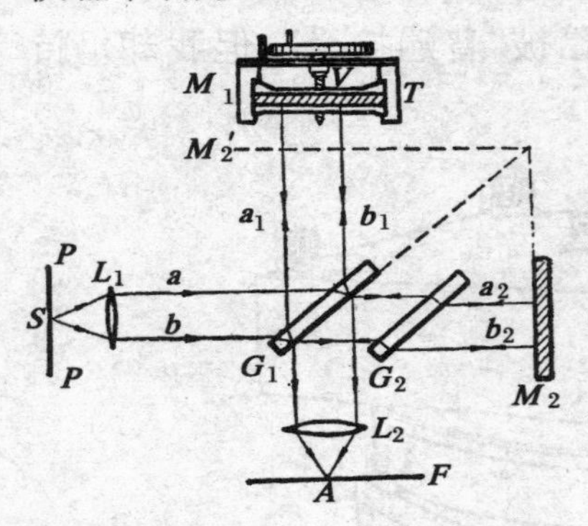

迈克尔逊干涉仪的光路图

迈克尔逊干涉仪的干涉图样

1881年,迈克尔逊从海军退伍,次年到俄亥俄州新成立的应用科学院任职。在那里,他继续进行研制和测量。1887年,迈克尔逊同化学家莫雷重新设计了以太漂移实验,这个实验就是物理学史上著名的迈克尔逊—莫雷实验。巧妙的设计和独具匠心的制作使干涉仪的灵敏度提高到了四亿分之一。但连续观测了5天,得到的仍是让他们失望的零结果。尽管实验结果令迈克尔逊难以接受,但他还是向外界宣布了这个结果,他沮丧地说:“也许,以太真的不存在。"失望之余,他放弃了原来打算在不同季节进行观测的计划,开始考虑这种精密仪器的新用途。

迈克尔逊一直到晚年仍然念念不忘他那"可爱的以太","以太"成了他永远无法释怀的情结。在他逝世前不久,爱因斯坦拜访他时,迈克尔逊夫人事先还专门提醒爱因斯坦在谈话中千万不要提"以太"。1927 年,他在他的最后一本书里写到:相对论已被"普遍接受",但我却仍持怀疑态度。

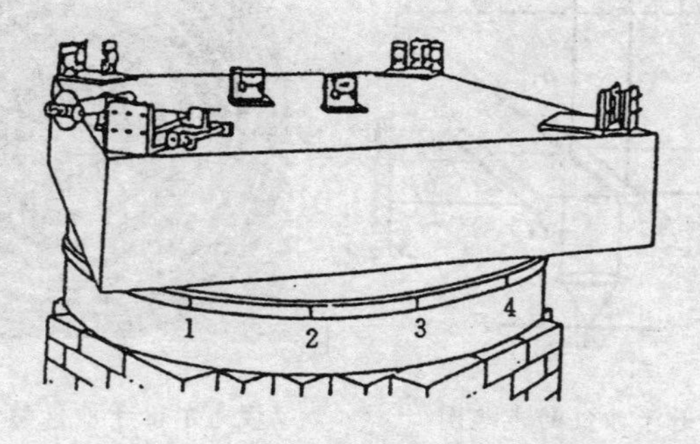

迈克尔逊—莫雷实验装置图

虽然"迈克尔逊—莫雷实验"的结论有违迈克尔逊的初衷,但在物理学发展上却有着深远的意义。1905 年,爱因斯坦发表了狭义相对论,"迈克尔逊—莫雷实验"的实验结论——光速是与参考系无关的恒量,成了爱因斯坦相对论的支柱之一。迈克尔逊创制的高灵敏度的干涉仪为以后的光学测量和光学分析提供了可靠、有力的工具。迈克尔逊用它最先以光的波长测定了国际米原器的

诣。宗教家庭所崇尚的高雅生活使普朗克很小就得到了音乐方面相当专业的指导和严格训练。普朗克演奏钢琴和管风琴的水平堪与专业的音乐家媲美。舒伯特的《摇篮曲》、《美丽的磨坊女郎》常让他在美妙的意境中沉醉；勃拉姆斯的《小提琴协奏曲》、巴赫的《马太受难曲》又会让他在宗教的遐思中心灵得到荡涤和升华。临近高中毕业时，普朗克在选择人生努力的方向和目标上一次次陷入犹豫和彷徨。他喜欢音乐，但物理学的魅力也同样使他难以抗拒。

就在普朗克左右为难之际，他遇到了物理教师谬勒。谬勒学识渊博，教学生动有趣。和许多教师的照本宣科不同，谬勒老师特别注重物理与生活实践的联系。他的那堂关于物理学中的能量守恒原理的课对普朗克职业的选择产生了决定性的影响。在那堂课上，谬勒讲了一个泥瓦匠的故事。谬勒说：泥瓦匠辛辛苦苦地把一块沉重的砖块扛到屋顶上去，做了很多功，这种功在砖上了屋顶之后并没有消失，哪去了呢？它在房顶被储存了起来，历经沧桑，直到有一天，这块砖松动了，终于掉了下来，落到了某个人的头上。老师生动的讲解使得原本比较抽象的能量守恒定律一下子变成生动的画面浮现于普朗克的脑海。若干年后，普朗克回忆说，它"宛如一个救世福音响彻心间"。老师妙趣横生的讲解使普朗克的人生理想发生了改变，他觉得做一个科学家应该比做一个艺术家更有价值。

在普朗克踏上物理学研究之路后，他并没有放弃音乐，他正确处理了科学与艺术的关系，使得艺术不但没有成为他科学事业上的障碍，反而成为了科学之翼。由于普朗克长于宗教之家，律己之严近乎循规蹈矩，所以音乐成了他惟一可以使思想自由放飞、任意遨游的天宇。对音乐的热爱，使得普朗克在严谨的外表下保持了内心的活泼、自由和思想的开放，也使普朗克科学研究的灵感不断地被激发出来。

从音乐带来的丰富灵感中，普朗克一次次成功的跨越了科学研究中的“藩篱”，而不是只能困守一隅。正确处理好科学和艺术的关系，使普朗克懂得：人的兴趣可能有很多，但兴趣是很容易发生改变的。要想把一种兴趣发展成终身事业，则需要坚韧的毅力和长期的努力。也就是说，成就一项事业，浓厚的兴趣和坚韧的毅力缺一不可。

他尊崇科技前辈，更尊崇科技创新

在普朗克从事科学研究的历程中，有过两次意义重大的跨越。

第一次是他跨越了众人成见的“藩篱”，将自己的研究目标锁定在理论物理领域。

当时他做出这种选择是需要巨大勇气的。因为在他大学期间的物理教师看来，经过牛顿等一批物理大师的天才劳动,经典物理学已变得近乎完美无缺。当时许多物理学家也都认为,谁要是进行理论物理的研究,那么他所能做的工作,就只剩下在美仑美奂的物理学大厦中寻找一粒尘屑或是一个小气泡。普朗克没有被众人的成见所左右。他想既然从事理论物理研究是自己深思熟虑的结果,那就应该义无反顾地走下去。他师从于当时物理学界很有名气的赫尔姆霍茨和基尔霍夫两位物理学家,可这两位教师的授课水平都很蹩脚。普朗克很失望却并未泄气,他没有让这些消极的因素阻挡自己前进的步伐,而是通过主动自学来满足自己旺盛的求知欲。他不但自学了两位老师的所有课程,还自修了克劳修斯的《热力学》。在对热力学理论的学习中,他将自己的研究方向定位在热辐射问题上。

在普朗克进行博士论文答辩时,他遇到了一位充满经验主义情绪的化学家阿道夫·冯·拜耳。拜耳是一个把实验数据看得高于一切的人,他认为理论物理学完全是空洞无用的科学,是“投机的东西”。答辩中,拜耳对普朗克显出一副不屑一顾的神情,他用嘲弄的口吻问道:“普朗克先生,你认为理论物理学是一个可以做出贡献的领域吗?”普朗克强忍着自己的不满,回答说:“是的,这是不成问题的。”拜耳又问道:“你认为实验证明以外的数据还包含着真理吗?”普朗克终于忍无可忍了,“如果您真的认为您的实验已经穷尽了世界的话,那么就可以这样说。”这句话一下子堵住了拜耳的嘴,论文答辩通过了,普朗克获得了博士学位。然而，他的论文并没有得到应有的重视，因为当时崇尚实验物理的思想占有绝对的主导地位。普朗克没有动摇他继续从事理论物理研究的决心。他坚信一种好的理论虽然一时得不到承认，但终能经得起时间的考验。

第二次是他跨越了经典物理的“藩篱”，奠定了量子论的基础。

当时人们都是从经典物理学的角度来研究热辐射问题。柏林大学的教授维恩和英国物理学家瑞利在1894年和1900年分别提出了“维恩公式”和“瑞利公式”。奇怪的是，这两个公式完全相反。普朗克试图提出一个新的公式来代替这两个互相矛盾的公式。可是寻遍了经典物理学的一切角落，最终还是一无所获。于是，他决定要大胆地跳出经典物理的圈子，进行全新的思维。为此普朗克开始了历时两个月的新辐射公式的论证工作。他取消了一切室外活动，把自己关在工作室里，由别人送饭，拒绝接待一切宾客，禁止任何人打扰他的工作。一段时间之后，他进入了玄妙的境界。在这个境界中，没有路径，没有现成的阶梯，遍地荆棘、沟壑，随时都可能陷入迷途。他也曾短暂地迷失过方向，但他的智慧又帮他找到了通往理想王国的神秘小路；他疲惫过，也曾有过放弃的念头，但坚强的意志使他挺住了。

1900年10月9日，在德国的物理年会上，普朗克提出了著名的“普朗克公式”。这个公式来源于一个大胆的假设——即著名的能量子假说。在假说中，普朗克抛开了经典物理中物质的运动是绝对连续的观念，指出了辐射过程不是连续的，而是以不可再分的最小分量的“小包”放射和吸收的。这些“小包”就是最小的能量单位——能量子。这一天被后人认为是“量子论”的诞生日，它也意味着经典物理学之后一个新的物理时代的到来。被称为“量子论的奠基者”的普朗克，把人们的视野从“山穷水尽疑无路”，带到了“柳暗花明又一村”的崭新天地。普朗克的成功提醒人们，永远不要认为已经穷尽真理，人类只能在艰辛的探索和大胆的跳跃中去发现和接近真理。任何把这样那样的理论看成是绝对真理的做法恰恰是对真理真正的背离。

成名之后的普朗克在回顾自己的研究历程时曾说过这样的话：“你必须要有信仰。”正是对科学、对研究事业的热爱，以及对探求真理的执着，使普朗克在研究的关键时刻不迷信成见，不迷信权威，从而超越种种“藩篱”，破壳而出，一飞冲天。

不过需要注意的是，“坚定的信仰”会使人勇往直前，但超过了一定的限度，就会变成固执，反而羁绊前进的脚步。在普朗克身上，与信仰伴随而生的是顽固的保守意识，这种保守意识让他经历了成功的跨越之后又走了回头路。他后来浪费了 15 年的时间，徒劳无功地要把量子论体系重新纳回到经典物理学的旧体系中。最后他自己也承认这种固执保守的做法是“近乎悲剧的事”。

但普朗克对于物理学的贡献是举世公认的。普朗克的“量子论”打开了“量子力学”的大门,把科学引入原子时代。这个伟大的成就不仅为他赢得了诺贝尔物理学奖,还使他被公推为英国皇家学会最高级别的名誉会员,并且被选为美国物理学会名誉会长。德国政府为了纪念他在科学史上的卓越贡献,将恺撒威廉科学院改名为“普朗克学院”,同时将德国最高科学奖定名为“普朗克奖”。正如普朗克逝世后,他的学生在悼念他时所说:“只要科学存在,普朗克的名字就永远不会被忘记。”

“A = X + Y + Z”

——1921 年诺贝尔物理学奖获得者阿尔伯特·爱因斯坦

“在漫长的科学生涯中我所懂得的最重要的一件事就是：我们所有的科学发现与真实的物质世界相比，还是相当原始和幼稚的——但它仍然是我们所拥有的最为珍贵的东西。”

——阿尔伯特·爱因斯坦

爱因斯坦（Albert Einstein, 1879—1955），德裔瑞士人，后入美国籍，苏黎世大学普林斯顿高等研究院理论物理学家，相对论的创立者。因发现光电效应定律、提出光量子概念，获 1921 年诺贝尔物理学奖。

在美国纽约曼哈顿区美仑美奂的新教堂的一面墙壁上，雕刻着 14 位科学巨人的画像。当 1948 年设计教堂画像时，主持人曾给美国一些著名的科学家写信，请他们列举14位科学史上最伟大的天才人物。这些科学家都不约而同地列举了当时还健在的爱因斯坦。一位活着的科学家竟能赢得同时代科学同行如此的景仰和崇拜，这在自然科学史上还是第一次。爱因斯坦究竟怎样成就了他非凡的事业，赢得了举世景仰呢？

“智力迟钝”的孩子

爱因斯坦幼年时的照片

阿尔伯特·爱因斯坦出生在德国。他的父母都是犹太人，父亲赫尔曼·爱因斯坦和叔叔雅各布·爱因斯坦合开了一个制造电器设备的小工厂。母亲玻琳只受过中等教育，但她非常喜欢音乐，在小爱因斯坦6岁时就教他拉小提琴。这是一个和睦、愉快的家庭。

亲人们深爱着小爱因斯坦，但都为他的智力发育感到担忧。爱因斯坦小时候不够活泼，3岁多还不会说话，9岁时讲话还不很通畅。父母担心他是哑巴，曾带他去看过医生。其实小爱因斯坦反应并不迟钝，他说话慢是因为他所讲的每一句话都必须经过认真地思考。小爱因斯坦是一个诚实的孩子，从不做违心或骗人的事。为此，同学们给他起了一个

爱因斯坦出生的地方——
乌尔姆火车站街20号

绰号叫“诚实的约翰”。普通孩子喜欢玩打仗等带有刺激性的游戏，喜欢看士兵操练，可是他却不喜欢参加。他从小到大都不喜欢任何与军事有关的东西，他是一个不想看到人类互相残杀的和平主义者。

爱因斯坦家住房的周围有花园，他经常一个人长时间地蹲在花园角落的灌木丛里，用手抚摸着小叶片或者凝视着匆匆跑动的蚂蚁。在依萨尔河岸野餐时，其他孩子都在互相追逐、玩耍，而他却总是独自坐在湖边看湖的对岸。他喜欢冥想，在冥想中他的思绪就会插上翅膀。有一次，一位亲戚委婉地指出小爱因斯坦不太活泼，但母亲玻琳对此却另有看法，她深情地为自己的孩子辩护：“他是沉静的，那是因为他正在思索。等着吧，总有一天他会成为一个教授！”那位亲戚虽然理解母亲的心情，但也感到可笑。教授！在人们的心目中，只有那些聪敏的人，才有可能得到这样的荣誉称号。这位亲戚的怀疑是有道理的。这个连话都说不好的“笨孩子”能成为一个教授吗？

小学时期的爱因斯坦一直是一个平平常常的学生，他独特的思维方式给他的学习带来很多困难。他不愿按老师讲授的那些标准方法去解决问题，往往要经过长时间的思考才能得出问题的答案，他甚至不愿意未经思考就去接受老师教的每一个字。他说那样会使他想起对士兵的操练，他厌恶这种枯燥无味机械式的学习方法。他宁愿忍受各种惩罚，也不愿学习那些死记硬背的东西。难怪爱因斯坦的父亲到学校与校长讨论爱因斯坦的前途时，校长很遗憾地告诉他："你的孩子无论在哪一方面都不会成功，因此也无前途可谈。"

那么，被大家看成是无前途可言的人，怎么会成为相对论的创建者呢？爱因斯坦在给他的同事——1925 年诺贝尔物理学奖获得者杰姆斯·弗兰克的信中道出了其中原由："我自问为什么是我而不是其他人发现了相对论？可能是由于童年时代我是一个智力迟钝的小孩。一般人对时间和空间的认识大都在童年时代已经完成，到了成年时，就不再考虑这个问题了。而我发育比较迟，是到了成年之后才开始考虑时间和空间的问题。成年人思考孩童时的问题当然要更深一些，更成熟一些。"

童年时的"罗盘经历"

19 世纪末的德国，一种以科学发明去探索未知世界的热潮正在兴起。各种科学发明以前所未有的声、光、电、化等形式迅速出现，刺激着人们的感官世界。各种技术上的新鲜玩意给新一代人带来了无穷的趣味，引起了他们的兴趣，激起了他们的求知欲。

科学之光普照着大地,也照亮了小爱因斯坦成长的道路。爱因斯坦上学前的一天,他生病了,本来沉静的孩子更像一只温顺的小猫,静静地蜷伏在家里,一动也不动。父亲拿来一个小罗盘给儿子解闷。爱因斯坦用小手捧着罗盘好奇地看着,只见罗盘中间那根针轻轻地抖动着,指着北边。他把盘子转过去,那根针并不随着盘转动,照旧指向北边。爱因斯坦又把罗盘捧在胸前,扭转身子,再猛扭过去,可那根针也转了回来,还是指向北边。不管他怎样转动身子,那根细细的红色磁针就是顽强地指着北边。小爱因斯坦忘掉了身上的病痛,剩下的只有一脸的惊讶和困惑:这根针的四周什么也没有,是什么力量推着它指向北边呢?

爱因斯坦到了67岁时,仍然为童年时的“罗盘经历”感慨万千。他在《自述》中说:“当我还是一个四、五岁的小孩,父亲给我看一个罗盘的时候,就经历过这种惊奇。这只指南针以如此确定的方式行动,根本不符合我的常规经验。我现在还记得,至少相信我还记得,这种经历给我一个深刻而持久的印象。我想一定有什么东西深深地隐藏在事情后面。凡是人从小就看到的事情,不会引起这种反应,他对于物体下落,对于风和雨,对于月亮,对于生物和非生物之间的区别等都不感到惊奇。”

这件偶然小事虽微乎其微,并发生在爱因斯坦成为科学家之前很久的时间里,但这次奇特的经历却对他后来的科学思考和研究极为重要。后来,“场”的特性和空间问题

是那样强烈地吸引着这位物理学家。在广义相对论中，爱因斯坦终于解决了这些儿童时代就萌发出来的困惑。

小小的罗盘，里面那根按照一定规律行动的磁针，唤起了这位未来的科学巨匠的好奇心——探索事物原委的好奇心。而这种神圣的好奇心，正是萌生科学的幼苗。

怀才不遇的学生时代

爱因斯坦的父亲生意并不好，但他却是一个乐观而心地善良的人，每星期都有一个晚上要邀请来慕尼黑读书的穷学生到家里吃饭。有一对来自立陶宛的犹太兄弟麦克斯和伯纳德就是他家的常客。他们都是学医科的，而且都兴趣广泛。他们很快就和长着黑头发和棕色眼睛的小爱因斯坦成了好朋友。

在爱因斯坦 12 岁时，麦克斯给了他一本施皮尔克的平面几何教科书，这本书一下子攫取了爱因斯坦的心灵。爱因斯坦晚年时回忆起这本"神圣的小书"时说："这本书里有许多定理，比如，三角形的三条高交于一点，它们本身虽然并不是显而易见的，但是可以很可靠地加以证明，因此它是不容质疑的。这种明晰性和可靠性给我留下了一种很深的印象。"受这本小书的启发，爱因斯坦想要独立证明毕达哥拉斯定理。他花了三个星期的时间，最后找到一个方法，那就是从直角三角形最长边所面对的顶点作这条边的垂直线，把一个三角形分成两个相似的三角形，这样就很容易证明出来。虽然这个定理古老得有二千多年的历史，前人已经证明过无数次，但是爱因斯坦是自己独立完成证明过程的，这让他第一次体会到了科学发现的欣喜。

在爱因斯坦的成长经历中，麦克斯实际上充当了爱因斯坦“启蒙老师”的角色，是他点燃了爱因斯坦自学的兴趣火花。他每星期来时，都会帮爱因斯坦批改做过的习题，还辅导他做一些较难的题目。在麦克斯的帮助下，爱因斯坦13岁时已经开始自学微积分了。当他的同班同学还在为那些平面几何的简单问题和循环分数而皱眉头时，爱因斯坦靠自学已经进入到高等数学中无穷级数美丽神奇的“无穷世界”中去了。小爱因斯坦进步很快，不久他的数学水平就超过了读大学的麦克斯，比他大11岁的医科大学生再也跟不上这个十二三岁的小孩子了。为了以后有共同谈话的话题，麦克斯开始借哲学书给他看，爱因斯坦在13岁就能看懂康德的《纯理性批判》。这是一本对许多成人来说都算是枯燥艰深的书。少年时代的爱因斯坦，阅读的书目主要集中在数学、物理和哲学方面。他不看小说，惟一的消遣就是拉小提琴。

爱因斯坦爱好小提琴

但是在整个中学时期，爱因斯坦的老师们还没有人能够认识到他的才华。一位教师甚至断言："爱因斯坦，他决不会有任何成就的。"15岁那年，有位教师曾强烈提议要他离开学校。这位教师的理由是：爱因斯坦留在班上会损害我这个班级的荣誉。实际上这位教师常常被他问得张口结舌。

14岁的爱因斯坦

1895年春天，爱因斯坦16岁了。按照德国当时的法律，男孩只有在17岁以前离开德国才可以不必回来服兵役。由于对军国主义深恶痛绝，加之对路易波尔德中学军营般的生活已忍无可忍，爱因斯坦决定要离开德国。但是，半途退学，拿不到文凭怎么办呢？情急之下爱因斯坦竟想出了一个自以为不错的点子。他请数学老师开了一张他数学早达到了大学水平的证明。又从一个熟悉的医生那里弄来了一张病假证明，说他神经衰弱，需要回家静养。爱因斯坦以为有了这两个证明，就可逃出这个令他厌恶的地方。

谁知，他的申请还没来得及提出，训导主任却先把他叫了去，以败坏班风，不守校纪为由勒令他退学。爱因斯坦脸红了，他感到屈辱和羞愧，但不是因为被勒令退学。不管是因为什么，只要能离开这所中学，他都心甘情愿。他只是为自己想出了一个并未实施的狡猾的点子而感到内疚，因为这种做法与他一贯所推崇的坦率、真诚的品质相去太远。

伟大的科学家的品格

因为在科学上的成就，爱因斯坦获得了许多奖状和证书。一般人也许会把这些东西高高挂起，可是爱因斯坦却把以上的东西，包括诺贝尔奖证书一起乱七八糟地放在了一个箱子里，从不多看一眼。爱因斯坦的秘书英费尔德说，他有时觉得爱因斯坦可能连诺贝尔奖意味着什么都不知道。据说爱因斯坦在得奖那一天，脸上和平日一样平静，没有显示出任何特别高兴或兴奋的神情。

爱因斯坦和他的夫人米列娃及儿子汉斯

少年时代的爱因斯坦过的一直是穷学生的生活，他对物质方面要求不高，只要一碟意大利面条加上一点酱就能够让他美美地吃上一顿。成名之后，他是有条件享受很好的物质生活的，但是他仍然保持着简朴无华的生活方式。在普林斯顿高等科学研究所工作时，当局给了

爱因斯坦相当高的年薪——16000美元，他却说："不需要给我这么多钱，是否可以少给我一点？3000美元就足够了。"爱因斯坦很节俭，他把许多寄给他的信的信封裁开，作为计算用的草稿纸，而且是两面都写，他决不让它们在进入纸篓之前失掉可以再利用的价值。爱因斯坦外出时经常坐二、三等车，平时只吃一些简单的食物。

普朗克把勋章颁发给爱因斯坦

爱因斯坦曾说过："安逸和幸福，对我来说从来不是目的，我称这些只是猪倌的理想……"。他甚至拒绝被安排在上流社会中，处于与众不同的地位。爱因斯坦不喜欢参加社交活动与宴会，他是个很珍惜时间的人，他不希望宝贵的时间消耗在无意义的社交谈话上。他曾讽刺地说："这是把时间喂给动物园。"他也不愿意听那些奉承和赞扬的话。他认为："一个以伟大的创造性的观念造福于全世界的人，不需要别人来赞扬。他的成就本身就已经给了他一个最好的报答。"1929年3月，为了躲避50寿辰的庆祝活动，他在生日前的几天，就秘密跑到柏林近郊一个花匠的农舍里隐居了起来。

作为物理学革命中的伟大科学巨匠，爱因斯坦从来没有自认为是一个超人。他认识到，自己所走的道路是前人走过的道路的延伸，科学的新时代是在前人工作基础上的合理发展,因此他总是抱着感激和敬仰的心情赞赏前人的贡献。在谈到相对论的创立时,他说:“相对论实际上可以说是对麦克思韦和洛伦兹的伟大构思画上了最后一笔,因为它力图把场物理学扩充到包括引力在内的一切现象。”爱因斯坦曾几次在信中对赞扬他的成就的朋友写道:“我完全不知道我有什么特殊的才能,兴趣、专一、顽强工作以及自我批评使我达到我想要达到的理想境界。”因此,当一个美国记者问爱因斯坦成功的秘诀时。他回答:“早在1901年,我还是一个22岁的青年时,我就已经发现了成功的公式。我可以把这个秘密告诉你,那就是A=X+Y+Z! A就是成功,X就是努力工作,Y是懂得休息,Z是少说废话! 这公式对我有用,我想对许多人也是一样有用。”美国《时代》周刊曾把爱因斯坦评选为“世纪风云人物”,在风云百年的历史长河中,他伟大的物理理论为人类社会带来的是革命性的进步。他与他的相对论永垂不朽!

爱因斯坦在解释有关相对论的数学公式

“我不怕暴露自己的愚蠢”

——1922年诺贝尔物理学奖获得者尼尔斯·玻尔

尼尔斯·玻尔(Niels Bohr, 1885—1962),丹麦哥本哈根大学理论物理学家,定态跃迁原子理论的提出者。因发展量子理论并用于原子结构、原子辐射研究的成果,获1922年诺贝尔物理学奖。

尼尔斯·玻尔是20世纪堪与爱因斯坦相媲美的物理学家。他不仅以个人杰出的物理学成就闻名于世,并且还在丹麦首都哥本哈根建立了一个闻名全球的物理研究所,把许多知名的物理学家召集在他的周围致力于物理学的研究。从20年代到60年代,以玻尔为核心组成了在发展量子力学方面起过主导作用的哥本哈根学派,形成了自由思考、共同切磋的哥本哈根精神。

工活，并以制作精巧而受到夸奖，后来又对机械装配发生了浓厚的兴趣。有一次，家里的一辆自行车不能骑了，这本来可以送出去请技工修理，但尼尔斯坚决主张自己来修，他不愿放弃亲自尝试的机会，并且相信自己的动手能力。但是拆来容易，装配就难了。尼尔斯没有这方面的经验，周围的人也无法给予指导，有人再次劝说尼尔斯停下手来，留给技工装配。父亲却另有看法，他对大家说：让孩子自己去做，他知道该怎样做。几天过去了，零件拆散在地上仍然没有装好。但尼尔斯没有灰心，他反复琢磨自行车飞轮的结构，终于用自己的双手把自行车重新组装成功，骑起来和新的自行车一样，大家也都为尼尔斯的成功而高兴。

对人亲近友善是尼尔斯为人的一大特点，他和弟弟哈拉德就从小形影不离，亲密无间，两人无话不谈，苦乐共享。在尼尔斯拆装自行车的过程中，有几个要好的同伴围着观看。尼尔斯没有把他们当作旁观者，而是不断和大家商量，使每个人都感到自行车的修理也有自己的一份功劳。玻尔这种凡事能跟众人商议的作风在日后得到了充分的发扬，把个人置于科学集体之中的品格是他科学事业取得成功的重要因素。

在物理研究领域初露锋芒

随着年级的递增，尼尔斯·玻尔的智力优势渐渐显露了出来，中学时他的物理和数学都学得很好，在班上常常是第一名。到中学高年级的时候，他已经能指出中学物理课本中的错误。一位同学在听他指出了课本中的错误之后，曾担心地问玻尔：“要是考试的时候，正好出的是错误的内容，那该怎么办呢？”玻尔吃惊地看着同学回答说：“该是怎样就怎样回答。”在玻尔看来，坚持正确的是理所应当的事情，怎么能为了得分而向错误妥协呢？连这么一点胆识都没有那还能干什么呢？

他的批判精神在大学期间更有所发展。1903 年，尼尔斯·玻尔进入哥本哈根大学念物理系。大学一年级有一门必修课叫《哲学概论》，其中有一部分内容是逻辑学，选用的教材是赫弗丁教授的《实用形式逻辑学》。玻尔在学习过程中注意到该书有一些错误，他认真地给赫弗丁教授指了出来。他的意见是如此的中肯，以至于这位教授立即接受了他的建议。几年后该书再版时，赫弗丁对该书作了许多修改，并在序言中专门提到，有些内容是按照以前一位学生的意见修改的。这位学生当然就是玻尔。

1905 年，尼尔斯·玻尔升入了大学三年级。他没有局限于学校安排的课程，课余又接受了一项难度很大的挑战。这一年丹麦皇家科学协会征集科学论文，题目是“从液体的振动确定表面张力系数”，这是一个以前还没有人做过的课题。1906 年 10 月底，尼尔斯·玻尔以“αβγ”为笔名递交了一篇论文，为了完成这篇论文，他历经了一年的实验工作。他在这篇论文中发展了瑞利关于在表面张力作用下液体振动的理论，让水通过椭圆截面的玻璃管射出，形成水柱，然后，他测量了水柱的流量、速度和水中振动波的波长，并由此测量出了水的表面张力。评审人认为尽管这项实验只限于一种工作介质，但实验方法还是很有意义的，因此给予了金奖。与他同时获得金奖的还有一位参赛者，这位参赛者在理论和实验两方面都作出了更全面的工作。不过，他比玻尔大 11 岁，是一位不久即将升任教授的知名学者。

此后，尼尔斯·玻尔继续对表面张力进行实验研究，并于 1908 年用英文向英国伦敦皇家学会投稿。该论文在 1909 年 1 月 21 日由人代为宣读，并发表于国际权威杂志《哲学学报》上。为此，当时任皇家学会秘书的拉摩教授专门写信与尼尔斯·玻尔联系，并以玻尔教授相称。他那里想到尼尔斯·玻尔还只是一名大学毕业不久的研究生。

卓越的组织者

20 世纪物理学有两大革命性发现：相对论和量子力学。如果说，前者的发现主要归功于爱因斯坦一个人的话，那么另一个发现却是一代人集体努力的结果，而这个集体的核心就是尼尔斯·玻尔。玻尔的贡献不仅表现在他本人科学上的非凡成果，更为可贵的是他在造就人才

方面的独创精神。他以自己崇高的威望，幽默好客，和蔼可亲的态度，吸引了一大批年轻人，使他们融为一体，并把每个人的聪明才智充分发挥出来，从而形成了著名的哥本哈根学派，产生了在物理学界永放光芒的哥本哈根精神，创立了被世人誉为物理学界“圣地”的玻尔研究所。

所谓玻尔研究所，是1920年在玻尔的倡议和主持下，哥本哈根大学创设的理论物理研究所，由玻尔亲自担任该所所长。长期以来，这个研究所成了国际量子力学研究的大本营。从1922年到1932年的10年间，许多科学家都在这里呆过。例如：德国物理学家波恩和海森堡，奥地利物理学家泡利，英国物理学家狄拉克，还有克莱因、克莱末、埃伦菲斯特、伽莫夫、克什米尔、兰道和罗森尔德等人。在玻尔研究所里，经常云集着五六十名外国学者。据统计，在玻尔担任所长的40年间，全世界30多个国家的近千名科学家都在这里工作过或长或短的时间。有人曾经问过玻尔：你为什么能够聚集那么多有才能的年轻人！？玻尔回答说：“没有什么秘诀！只有一点是清楚的，我不怕在年轻人面前暴露自己的愚蠢。”

老年的玻尔

下面的这个事例或许可以为玻尔的话提供很好的佐证。1922年，就在获诺贝尔奖前几个月，德国科学家为了庆祝玻尔获得诺贝尔奖，特地举行"玻尔节"，邀请玻尔到哥廷根大学演讲。玻尔的报告刚刚结束，听众中一位 21 岁的大二学生海森堡就站了起来发言："玻尔教授，您刚才说的我不能同意。"一个未出茅庐的年轻人竟向物理学权威发难，这令在场的许多著名学者大吃一惊。但玻尔并未因海森堡的唐突冒犯而不快，反而对他的才识和勇气倍加赞赏。会后，玻尔邀请海森堡去散步，同时进行了一次推心置腹的交谈。后来，海森堡在哥本哈根领取"玻尔奖"的演讲中谈到，这次散步决定了他一生的命运。海森堡大学毕业后就到玻尔研究所工作，这 3 年的时间是海森堡学术上进步最快、成果最辉煌的时期。10 年后(1932 年)，海森堡获得了诺贝尔奖，时年 31 岁。

玻尔演讲后，听众踊跃提问和讨论

奥地利物理学家泡利是玻尔挑选的助手，他是一个时常挑起争论的助手。泡利对学术上的任何一点破绽或疑问都不会放过，而且言辞尖锐，经常令一些著名学者下不来台。即使对自己的顶头上司和老师玻尔，他也毫不留情面。许多人对玻尔让这样一个"刺头"担任自己的助手很不理解。而玻尔却认为泡利会使自己及同事们的科

奥地利物理学家——泡利

学研究更谨慎,更有创造性。玻尔曾这样评价泡利:“他以自己尖锐的孜孜不倦探求的睿智,成为我们团体鼓舞人心的真正源泉。不论是在科学辩论中,还是同普通人的交往中,他坦率而富有幽默感地表现出来的磊落气度,令我们大家特别珍爱。”

泡利果然没有辜负玻尔的厚望,1945 年,泡利因提出“不相容原理”荣获诺贝尔物理学奖。

哥本哈根大学理论物理研究所

在尼耳斯·玻尔的领导下,哥本哈根理论物理研究所成了世界上最活跃的学术中心之一。这里培养的一大批物理学家在形成和发展量子力学理论体系方面发挥了巨大作用,玻尔也被人们公认为是量子力学正统学派的领头人。而丹麦以一个人口不到 500 万的小国,在 20 年代之后竟能与英、德一起成了当时物理学界的三大国际中心,不少人说,这是由于玻尔的魅力!

与爱因斯坦论战

物理学家海森堡当年在经过一番运算后，得出了著名的量子基本原理：不确定关系。虽然同为量子力学的创始人，但爱因斯坦却对量子理论后来的发展及哥本哈根学派的解释不满。1927 年，在布鲁塞尔索尔威研究所召开的索尔威会议上，爱因斯坦终于与玻尔发生了一场激动人心的争论。这场争论被科学史家称为“物理学史上的伟大科学论战之一，也许只有 18 世纪初的牛顿——莱布尼兹论战才能与之比拟”。爱因斯坦设计了一个“理想化”的实验来反对不确定关系。会议期间的一次早饭后，爱因斯坦把这个理想实验的方案交给了玻尔。当天晚上，玻尔就准备好了答案，对爱因斯坦的观点进行了有力的回应。面对玻尔无懈可击的答案，爱因斯坦无话可说，只好把争论的话题引向哲学层面。他无奈地说：“你们真的相信全能的上帝只会掷色子吗？”据说，玻尔风趣地回答说：“指导上帝如何管理世界，那可不是咱们的任务。”

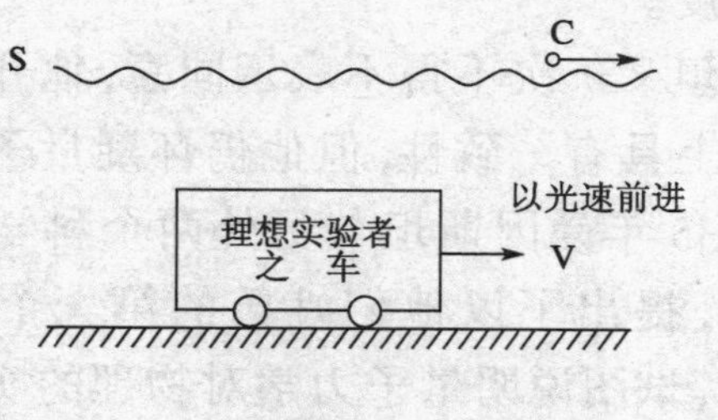

爱因斯坦的理想实验

1930年，下一次索尔威会议召开了，爱因斯坦又带来了一个新的理想实验。这次的实验装置是一个封闭的箱子，这就是著名的“爱因斯坦光子箱”。这个新的理想实验更加精致，而且用上了爱因斯坦本人的相对论原理。按照爱因斯坦的实验，不确定关系根本站不住脚。玻尔面对这一挑战，一时无所适从，只是不断自语：“假如爱因斯坦是对的话，物理学就完了。”经过整整一夜的思考、分析，第二天玻尔终于给出了圆满的回答，更巧妙的是，玻尔正是运用爱因斯坦的理论驳回了爱因斯坦提出的挑战。在用自己的观点不能解释一些假设的理论，面临自己的理论即将被否定时，玻尔依靠镇静、周密的思考，以对方的理论挑战对方的假设，使对方的假设不攻自破。在这次交锋中，玻尔似乎是靠机智取胜，但实际上，这场胜利更得益于他丰富的经验以及对科学的谨慎态度。

玻尔的原子结构模型

爱因斯坦又一次不得不表示同意，他开始相信量子力学在逻辑上具有一致性，但他仍怀疑量子力学是否是完备的。1935年爱因斯坦与另外两个科学家合作发表了一篇论文，提出了以他们姓氏的第一个字母合称的“EPR论证”，试图说明量子力学对物理的实在描述是不完备的。玻尔对此又给予了反驳，从而使哥本哈根学派取得了决定性的胜利。

通过这个事例可以看出,在科学家的团体当中,也经常会发生一些“冲突”,但这种“冲突”不是作为“最终统一认识”的手段而存在,它本身就是创造性活动的最高游戏规则,是一种更高形式的合作。每场“冲突”的胜利和失败都无损于冲突双方任何人的威望,因为任何一个“原则”、“定理”,都并不能意味着绝对正确、绝对高明,而只是意味着在一定时期内,在一定条件下的正确,人们永远不能认为自己占有绝对真理。正如法国科学哲学家埃德加·莫兰指出的那样:“正是这种既有合作又有竞争的特点,才真正反映了科学家团体的关系本质。”

科学与人文的完美结合

——1929年诺贝尔物理学奖获得者
路易斯·维克多·德布罗意

路易斯·维克多·德布罗意(Louis Victor de Broglie, 1892—1987),法国物理学家。因发现电子的波动性获1929年诺贝尔物理学奖。

他是一位具有亲王身份的人,但他不是以政治家而是以科学发现者的身份而名垂青史的。它如此显赫的身份,是百年来400多位诺贝尔获得者中的惟一,他就是法国科学家德布罗意。

显赫世家的另类

路易斯·维克多·德布罗意,1892年8月15日出生于法国迪埃佩一个古老而显赫的贵族家庭。早在17世纪,这个家族就为各朝法国国王效力,在 1742 年和 1759 年他们家先后被册封为公爵和亲王,同时拥有了两个爵位。100 多年来这个家族先后出过一位总理、一位议长、三员上将、两位部长和两位大使,名垂法国史册。

1906 年,路易斯·维克多·德布罗意的父亲去世,亲王的爵位由比他大 17 岁的哥哥莫里斯承袭,路易斯则承袭了公爵爵位。1960 年,莫里斯去世,路易斯又从哥哥那里承袭了亲王爵位。由于父母很早去世,其兄莫里斯承担了父母的责任,他精心培养小路易斯,使他受到了很好的教育。1909 年,路易斯以优异的成绩从巴黎公兰德沙利中学毕业,而后进入了索尔本学院学习。在那里他选学的课程是法学史和中世纪政治史。通过这两门课程的学习,他受到了严格的科学研究方法和哲学思维方法训练。1910 年,路易斯获得了历史学学士学位。其后,他又学习了一年法律及 18 世纪法国的国内政策。本来,按照家族的传统,他应该成为一名政治家或外交官,但哥哥的影响,改变了他的人生道路。

哥哥莫里斯是一位实验物理学家,是法国 X 射线研究方面的创始人。他在家里建了一个私人实验室,从事 X 射线方面的实验研究。课余时间,路易斯常去实验室。他对实验过程本身并不感兴趣,只是觉得实验背后有许多值得探索的东西对他很有吸引力。在这未知力量的吸引下,德布罗意在哥哥的实验室里学习了很多物理知识。

1911 年,路易斯从哥哥那里获得了一些关于量子力

学的资料，了解到了关于光、辐射和量子等问题的研究情况，以及爱因斯坦、普朗克等科学家的工作。这些资料把一个神秘的量子世界展现在了路易斯的面前，探索这样一个世界正是他的兴趣所在。他决心顺从自己的兴趣，进入巴黎大学改学理论物理学。在哥哥的帮助下，他仅用了两年的时间就完成了自然科学的基础课程。

正当路易斯准备开展课题研究时，第一次世界大战爆发了。国难当头之际，他听从祖国的召唤，应征入伍参加了法国陆军，在埃菲尔铁塔从事无线电工作。虽然战争时期无法进行科学研究，但他仍尽可能地利用当时的条件学习有关无线电波的知识，加深对无线电波的理解。

就这样德布罗意度过了一个经历丰富的青少年时代。对历史的学习使他观察问题具有了历史的高度和深度，对哲学的兴趣培养了他的哲学思维能力，两年的物理学习，使他掌握了扎实的物理专业基础知识，一战期间的经历和对哥哥的实验工作的参与，使他对技术问题比较熟悉并感受到了实验的价值。这时的路易斯已经具备了从事科学研究的必要素质。

大胆假设的力量

一战之后，德布罗意到巴黎大学继续求学深造，他的老师是法国著名物理学家朗之万。德布罗意的研究选题是关于光的波粒二象性问题。

当时物理学正处于发生深刻革命的时期。1900年和1905年,普朗克和爱因斯坦先后提出了量子理论和光的量子学说。1911年至1913年,卢瑟福和玻尔又提出了原子结构模型。这些学说对解释原子现象而言是理论上的重大突破,但当时光究竟是波还是实物的问题还没有得到解决。虽然在爱因斯坦的理论中已经隐含了光的波粒二象性的观念,但在物理学史上光的波动性和粒子性一直是科学家们争论不休的问题。德布罗意决定将这个问题作为自己的研究方向。凭着对事业的渴望和追求,他开始了对这个困扰物理学家多年的物理之谜的研究。

德布罗意像

那么,如何开始着手呢?以往的知识结构和生活阅历为他开启了研究的大门。通过研究和思考光学发展的历史,分析科学体系内部矛盾的关系,他运用严格的哲学思维和推理方法提出了一个极为大胆的设想:用一种新的理论,把这两种表面看来截然不同的现象——波动和

粒子统一起来。

通过对这个设想大胆地推而广之,德布罗意又提出了另一种假说:所有物质就其本性来说既具有波动性又具有微粒性。电子及其它所有微观粒子都具有这两重性。在当时没有任何直接证据的情况下,这是一个非常大胆的假设。

1923 年 9 月到 10 月,德布罗意根据这些设想在法国科学院会议周报上发表了三篇文章,这些文章详细阐述了粒子具有波粒二象性的思想。1924 年 11 月,德布罗意又向巴黎大学科学院递交了他的博士论文《量子理论的研究》,对此进行了进一步的阐述。

在论文答辩会上,答辩委员会主任佩兰问道:“怎样在实验中观察到你所推想的电子波呢?”德布罗意回答:“建议在结晶体上作电子的衍射实验。”虽然德布罗意的建议具有很大的可能性,但毕竟这仍仅限于设想。巴黎大学的论文答辩委员会对此也难以做出定论,最后只能做出了模糊的评价:“我们赞成他以非凡的能力坚持为克服困扰物理学家的难题所做出的必须的努力”。虽然导师们对他的物质波思想仍有怀疑,整个学术界对他的理论也都表示不理解,但他仍获得了博士学位。所幸的是,他的导师朗之万的包容心很强。不但没有扼杀他的独创思想,反而对他更赏识有加。早在论文答辩之前,他就向别的导师谈过这篇论文,他说:“德布罗意的思想当然有些荒唐,但他的表述十分优美,所以我将同意答辩。”答辩之后,朗之万又把这篇论文寄给了爱因斯坦,请爱因斯坦去评判这种假说。爱因斯坦以一个伟大科学家敏锐的触觉,感觉到这里面包含着一个非常伟大的发现。他极力宣传德布罗意的理论,并赞赏道:"德布罗意的工作给我留下了深刻的印象,一幅巨大帷幕的一角卷起来了。"朗之万的推荐和爱因斯坦的传播,为世界科学共同体迅速接受这个理论起了重要作用。但要人们普遍接受这个理论还需要有实验的证据。德布罗意并没有等待多久。1925年美国贝尔实验室的戴维森和革末在做真空镍板电子流实验过程中意外发现了电子了衍射图样。苏格兰的汤姆逊也在实验中发现了上述现象,这些试验的结果都表明了物质波的存在。而且这些物质波的波长都可由德布罗意关系式得出。这样德布罗意关于物质波的假设终于得到了实验证实。

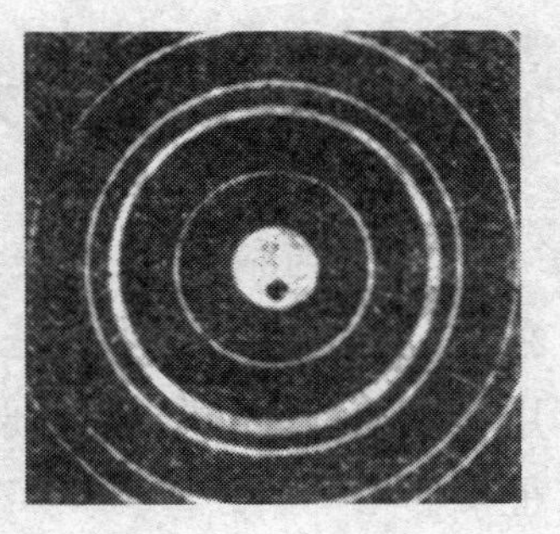

电子在金多晶薄膜上的衍射图样

德布罗意提出的物质波理论,加速了理论物理的变革进程,促使物理学界在很短的时间内就建立了新的微观物理理论:1926年,奥地利科学家薛定谔在德布罗意提出的重要概念的启示下创立了波动力学,随后,德国科学家海森堡也应用德布罗意的概念和爱因斯坦关系式,建立了矩阵力学。两人在获得诺贝尔奖的同时,都不约而同地提到德布罗意物质波对量子力学发展的贡献。

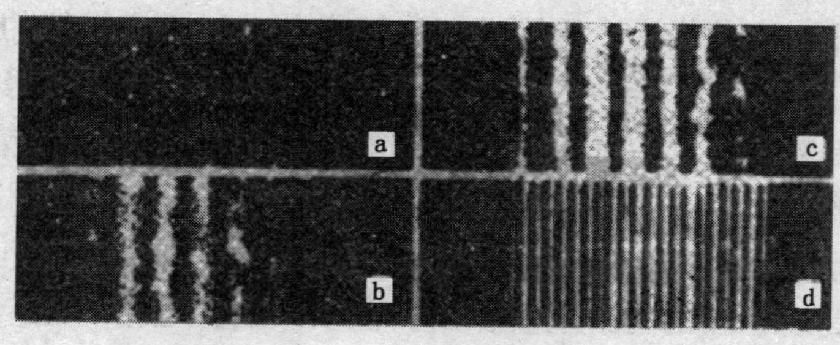

电子双缝干涉图样

研究方法上的贡献

人文与科学的完美结合，敢于冲破传统观念的束缚，独立思考，勇于创新，是德布罗意研究思想的重要特色，用历史和哲学的方法研究问题是他取得成功的重要特征。

德布罗意是学文史出身的，这种学科背景对他取得成功提供了很大的帮助。他在进行科学研究工作时，非常重视对科学史的研究和探索。对他来说，研究自己所从事的学科的历史从来都不是一件次要的活动。他的许多研究工作都是直接从历史观出发的，他的物质波思想归根结底正是在思考光学史的基础上产生的。他曾说过："科学史就是科学进步的机制及其规律最珍贵的知识来源。"在他看来，研究一门学科，了解这门学科发展的历史和理论思想的发展概况是极其重要的。只有这样，才有可能站在更新的角度来分析所遇到的问题。德布罗意在进行科学表述时，从不使用深奥的数学公式，而是运用简明的语言向最广大的读者阐明各种问题在历史上的相互联系。在他担任物理学教授后，他的讲课以内容丰富，材料配合巧妙，结构完美无缺而闻名。

研究中，德布罗意还善于巧妙地运用哲学的分析方法：通过哲学思维完成新理论的建立。他的博士论文有着难以衡量的大胆推理和设想，虽然这在当时看来是荒唐的，但从哲学的角度看，它的表述极其完美。一个理论之所以完美，是因为它的内部蕴藏着某种不为人知的真实的东西，谬论是不可能精巧完美的。这就是当时为什么他没有被全部否定的基础。哲学的方法论无论对自然科学还是社会科学都有着重要意义，哲学可以被认为是全部的科学之母(爱因斯坦语)，时至今日，人们已经确认尖端的物理学领域实际上就是哲学的世界。德布罗意的观点是：用哲学的方法思索和推理，借鉴哲学的力量攀登物理学高峰，是打开科学之门的重要途径。

对科学研究具体方法的巧妙运用是德布罗意研究风格的另一个重要特点。类比的方法是发现两类事物或现象之间存在着相似或相同的特征，从而把它们联系起来的一种逻辑方法。它是立足在已有的知识基础之上，进一步发展科学知识的一种有效的研究方法。它具有启发思路、提供线索、举一反三、触类旁通的作用，是提出合理假说的一条重要途径。在德布罗意之前，实物和场均被

认为是两种根本不同的物质形态，没有可进行类比的依据。但德布罗意由相对论想到：实物和场都有质量和能量，质量和能量是实物和场的共同特征，因而这两种物质的形态也可以进行类比。由此出发，德布罗意把实物粒子和光进行类比，从光具有波粒二象性，推测到实物粒子也可能具有波动性。他通过运用历史学中的类比法，打破传统思维的束缚，进行大胆推理和哲学思维。创立了物质波理论，打开了微观粒子世界的大门。

德布罗意（中排右三）出席 1927 年 10 月
在布鲁塞尔举行的第五次索尔维会议

德布罗意的成功给了人们很大的启示，使人们逐渐认识到文理是相通的，文理科的研究方法是可以相互补充的。这一观念已被融入了现代教育理念当中，各国的教育正逐渐以培养具有扎实文理基础的学术人才为重要教学目标。这是德布罗意在方法论上对科学教育和科学研究的重大贡献。

继承·批判·创新

——1932年诺贝尔物理学奖获得者维尔纳·卡尔·海森堡

如果你决心献身科学，就应该对任何一种想法仔细考虑，一再加以怀疑，不能毫无批判地接受下来。

——维尔纳·卡尔·海森堡

维尔纳·卡尔·海森堡（Werner Karl Heisenberg 1901—1976），德国理论物理学家，因创建了量子力学中的矩阵力学，获1932年诺贝尔物理学奖。

维尔纳·卡尔·海森堡具有一种能够把握问题关键的直觉，这使他成为了20世纪最富于创造性和最成功的物理学家之一。在他进入慕尼黑大学的第三年，还不足22岁时，就获得了博士学位。他的导师、世界级物理学家、慕尼黑物理学派领袖索末菲对他赞不绝口："这几年来，眼看海森堡轻易地完成了他的学业研究，真令人产生知者不难的感觉。他在理论的造诣上，令我们都自愧不如。”一个名导师如此评价自己的学生，这在学术界是非常罕见的。而玻恩教授对他的评价则是：“海森堡是我所能想象的最敏锐和最有能力的合作者”，“要跟上这个年青人，对我这个上了年纪的人来说是很困难的”。那么，海森堡有哪些过人之处呢？让我们沿着他的人生轨迹去对他作一个解读吧！

“我有点像个神童”

维尔纳·卡尔·海森堡出身于一位教古希腊语言的中学教师家庭，从小就在古代文学方面得到了很好的培养。当然，家庭生活圈子对他的熏陶不只是古典文学，还有古典音乐。他在十三四岁时，已能准确无误地看谱演奏钢琴，参加室内音乐会的演奏，他的父母甚至考虑是否应该让他将来做一个音乐家呢。海森堡的童年是幸福和安宁的，他最早的回忆，是维尔兹堡高地的教学和五彩缤纷的窗玻璃所展现给他的五光十色的世界。在他 11 岁时，还曾因欢迎摄政王路德维希（Ludwig，即后来的国王路德维希三世）访问学校背诵了他母亲所写的一首小诗，而得到路德维希赠送的一副刻有王冠的纯金饰物。生活似乎格外偏爱小海森堡，许多扇通往未来美好世界的大门都已经为他打开了。

海森堡 8 岁时，他们家从维尔兹堡迁到了慕尼黑，这

海森堡和他的弟弟

里虽然看不到故乡那令人陶醉神往的山川河流和森林，却是他有声有色的物理学生涯的真正发源地和出发点。学校的功课对他算不了什么，所以他有足够的时间按照自己的兴趣和计划忙个不停。在这个时期，海森堡已经深深地被自然科学特别是数学和物理学吸引住了。他的业余时间大部分都花在这方面，他曾和哥哥一道做了一只0.75米长的大型军舰模型，上面装有自己制作的小炮，可以真的射击，并且是用电来触发的。在后来回忆这一时期的生活时，他有点腼腆地说："我有点像个神童。"16岁时，他曾辅导过一个考化学博士的女大学生的数学，事后他开心地对别人说："我不知道她懂了没有，可我自己却学懂了。"他被公认为是一个优秀的、有志气的、充满自信心的青年。

除了数学本身之外，海森堡还很早就意识到与数学紧紧联系的那些哲学问题的重要性。他很喜欢读H.韦耳(Weyl)的《空间、时间和物质》(Raum - Zeit - Materie, Berlin, 1918)，那本书使他着了魔，以至于他在中学毕业后就去找慕尼黑大学的数学家F.林德曼(Lindemann)教授请教。林德曼拒绝了他，因为教授认为读这本书已毁了他学数学的前途。后来是A.索末菲(Sommerfeld)教授富有成效地引导使他把这个兴趣同物理学结合了起来。

初生牛犊不怕虎

1920 年,海森堡中学毕业后。进入了慕尼黑大学,在索末菲的指导下学习理论物理。由于才华出众,他很快就进入了当时物理学研究的前沿。在大学的第一学期,在解释反常塞曼效应的谱线时,他引进了半量子数,这种做法需要很大的胆识,因为当时普遍认为量子数都是整数。第二学期上流体力学课,海森堡写了一篇"关于卡门涡流的绝对大小"的论文,深得索末菲的赞赏。

1922 年 6 月,海森堡随恩师索末菲到格丁根大学去听物理学大师玻尔关于量子论和原子结构的讲座,这是物理学史上有名的"格丁根玻尔节"(1922 年 6 月 12 日——22 日)。按照惯例,学术报告厅的前几排座位都是教授们坐的位置,学生只能坐在后面几排。一开始,坐在后面的海森堡怎么也进入不了状态。因为玻尔说话的声音很低,他听得很费力。也因为他对玻尔的理论还不怎么理解,因此在第一次报告会结束后的讨论中,海森堡没有发表自己的见解。但在第二次报告会上,海森堡渐入佳境,开始有了一种耳目一新的感觉。他觉得玻尔的思维敏捷深邃,讲演内容涉及了许多物理学上极为本质的东西,这令他激动、着迷和神往。在讲解的过程中,他还有一个重大发现:玻尔的见解并不是全部源于精确的计算,其中含有很大的直觉成分。海森堡一边认真地倾听一边认真地思索着。

玻尔每次讲演之后都有长时间的讨论,按以往的"惯例",在会后的发言时间里一般只有教授们才能提出一些见解。但在第二次讲演刚刚结束时,只有21岁的海森堡突然从座位上站起来发言,对玻尔的某一见解提出了不同的看法。要知道,玻尔的理论是很难找出破绽的,他在原子结构方面的见识很少有人能望其项背。但事实上,海森堡提的问题确实是玻尔理论的一个"破绽",对于这个问题玻尔虽已有所考虑,但一时还无法说清楚。就这么一个小小的"破绽",却让海森堡给抓住了,玻尔不得不暗自佩服这个年轻人。他知道,如果没有敏锐的观察力和坚定的自信心,是不可能提出这样的问题的。在以往的报告中,能对玻尔的演讲发表一些看法的决非平庸之辈,如著名物理学家波恩、著名数学家希尔伯特等等,他们都是和玻尔一样的"大牌明星"。玻尔不禁产生了要了解这个年轻人的强烈愿望。在会后,他邀请海森堡一起出去散步。在这次散步中与玻尔的长时间谈话,对海森堡启发很大,事后他说,这次散步是他科学上成长的起点。

发现科学新大陆

海森堡曾表示过这样的信念:“在科学每一个崭新的认识阶段,我们都应该以哥伦布为榜样,我们应该像他那样,勇于离开已经熟悉的世界,怀着近乎狂热的希望到大洋彼岸寻找新的大陆。”海森堡想要做的就是像哥伦布那样去发现新的大陆,只不过他的领域不是海洋,而是科学。

海森堡在讲学

海森堡的这种信念,不是仅仅停留在空想阶段,而是实实在在地付之行动。首先,他对爱因斯坦和玻尔等科学家的思考方式与研究风格进行了认真的研究。他认为爱因斯坦是从第一性的原理出发,经过严密的逻辑推理和数学演绎,来获得对物理现象深入和全新的理解。这是理论物理学家思考方式与研究风格的一种类型。而玻尔则是先从具体物理实验现象的分析中发掘新的思想观念和物理原理,然后再在此基础上建立理论体系。这是理论物理学家思考方式与研究风格的又一种类型。他们熟悉具体的实验现象,强调新的实验现象蕴含着新的物理问题,而在研究工作中往往更依赖于过去的经验、对现象的综合和物理的直觉。海森堡的思考方式与研究风格更接近玻尔，并且，他的思想和哲学在西方物理学界有很大影响，后来多数获得了实际成果的理论研究都属于这后一种类型。

随后，海森堡开始了对量子力学的创新和发展。1925年11月，海森堡提出了有关量子力学的数学方案。他连续写成了三篇论文，包括了量子力学几乎所有的要点，这三篇论文奠定了量子力学的基础。随后，玻恩和约尔丹把海森堡的思想发展成为量子力学的系统理论，即矩阵力学。海森堡依靠坚定不移的批判和继承精神对量子力学的发展做出了重大贡献，使自己成为了哥本哈根学派仅次于玻尔的领袖人物和20世纪最富有创新精神的科学家之一。

1927年海森堡和费米、泡利在一起

海森堡的测不准原理不仅是量子理论中最著名的理论之一，而且它在哲学上的意义也极为重要。它迫使人们在微观世界中不得不抛弃严格的因果关系，这表明科学的思维方式发生了非常深刻的变化。有人说:量子力学改变了人们物质世界观的基本概念,其改变的程度甚至超过了相对论。这种说法是有一定道理的。

"爱因斯坦幽灵的幽灵"

海森堡是一个举止文雅的人。他多才多艺,是一个钢琴家,一个登山和滑雪运动的爱好者。他对人类文化的许多方面都感兴趣。青年时代他常和朋友结伴作徒步旅行,或与音乐爱好者举行室内音乐会,他很容易与人交朋友。

海森堡和他的两个儿子在一起

但他从来就不是一个容易受流行意见左右的人,他有自己的主见。在第二次世界大战期间,他坚决不肯听从众多科学家的劝告,坚持要留在非常时期的德国,就反映出了他的这一性格特点。由于对哲学、艺术和文学方面的共同观点,海森堡与玻尔曾经建立了深厚的友谊,但是由于在发生于德国而随后殃及全人类的那一场法西斯浩劫中,海森堡为纳粹在制造核武器方面所作的物理学研究,致使他无可挽回地失去了玻尔以及其他一些物理学家的信任和友谊。海森堡的这段生活经历,成了战后物理学界乃至社会公众争议的一个话题。其实设身处地为海森堡想一想，他的行为本无可厚非，因为他热爱自己的祖国，他不愿意在祖国的非常时期背弃她。而且，海森堡还认为战后的德国科学一定需要振兴，而自己有能力为祖国的科学振兴做出贡献。但他差点为这一决定付出生命的代价。据说美国间谍机构曾专门针对海森堡制定了一个名为“摘脑手术”行动计划，目的是要除掉他们认为最有能力为德国制造出原子弹的“头脑”人物海森堡，从而阻止德国的原子弹研制行动。幸亏执行任务的伯格少校发现，海森堡只不过是一个纯粹的科学家，及时停止了暗杀行动，否则海森堡就会成为战争或者说他拥有的智慧和爱国主义的牺牲品了。

海森堡的执着还表现在他对科学信念的坚持。“爱因斯坦幽灵的幽灵”是 1935 年 12 月 13 日斯塔克在海森堡大学菲利普·勒纳学院开幕典礼上做演讲时，攻击海森堡的一句话。斯塔克和勒纳都是现代物理学的坚决反对者，他们依靠纳粹党徒的力量，对爱因斯坦及其相对论发起了猛烈攻击。而海森堡是爱因斯坦学说坚定不移的支持者，因此理所当然地引起了斯塔克等人的强烈不满。他们称海森堡是“白犹太人”，这在当时对犹太人的排挤乃至迫害越来越厉害的德国是相当危险的。海森堡没有退缩，他相信科学，坚持真理，即使爱因斯坦在 1933 年被迫离开德国之后，他仍然继续为爱因斯坦和他的相对论辩护。

其实，如果抛开斯塔克的恶意，海森堡的确可以被称为“爱因斯坦幽灵的幽灵”。他所拥有的智慧和取得的成就完全可以和爱因斯坦相媲美，他年仅31岁就荣获了诺贝尔物理学奖就是最好的证明。

海森堡接受1970年度的玻尔奖章时发表演讲

那么，海森堡何以能获得成功呢？这固然与其从小到大一直都受到良好的教育有关，但更为关键的是，他不迷信权威，注重独立思考。他是“量子工程师”索末菲、“量子数学家”玻恩和“量子哲学家”玻尔三人共同的得意门生。他之所以具有这一特殊经历是因为他敢于向索末菲提出自己的见解；他敢于在“格丁根玻尔节”向当时的物理学“教皇”玻尔提出不同意见；他敢于向物理学大师玻恩递纸条。

年轻的同学们，虚心向他人学习是应该的，但不能只限于接受，在接受的同时还要敢于向教师挑战，向书本挑战，不能把已经学到的科学知识当做亘古不变的真理。用自己的眼光看待世界，用自己的大脑分析问题，做一个勇于独立思考、善于独立思考的人吧。只有敢于“站在巨人的肩膀上”，才有可能比他们看得更远！

勇于实践的思想者

——1938年诺贝尔物理学奖获得者恩里科·费米

科学研究是一种精雕细琢的工作，因此要求精密和准确。

——恩里科·费米

恩里科·费米（Enrico·Fermi，1901——1954），美籍意大利物理学家，因利用中子辐射产生新的放射性元素及发现慢中子对原子核反应的影响，获1938年诺贝尔物理学奖。

恩里科·费米，20世纪的科学奇才，他创立了全同粒子统计理论——“费米统计法”，在此基础上又发展建立了一个原子结构的模型理论——“托马斯——费米模型”；他提出了“β衰变理论”，并最终演化成为“电弱统一理论”；他领导建立了第一座可控原子核裂变反应堆，使人类社会从此进入原子时代；他领导并成功研制出了第一颗原子弹，被誉为“原子弹之父”；他在芝加哥大学创建了一个研究生院，培养了一大批物理学家，诺贝尔获得者中的杨振宁、李政道、盖尔曼和张伯伦等都曾是他的学生……

冉冉升起的科学新星

意大利，一个有着悠久历史的国度，一个曾诞生过伟大的科学家伽利略和为科学献身的布鲁诺的国度。费米就出生于这样一个有着光荣科学传统的国家。费米的父亲是一名铁路职员，宽容豁达，经常和孩子们一起劳动、玩耍；母亲是一位小学教师，坚定、质朴，把一家人的生活安排得有条不紊，对孩子们的管教颇为严厉。费米有一个姐姐和一个哥哥，费米一家的生活虽不富足，倒也其乐融融。

费米与他的姐姐和哥哥：左起哥哥朱利欧·费米、恩里科·费米（4岁）及姐姐玛丽亚·费米

费米小时候并没有过人的表现，相反，倒是有些顽劣。他对什么都好奇，又极具破坏力，家里的东西常常被他损坏，自己的衣服也总是邋邋遢遢。他给老师的印象

之列。为了躲避可能遇到的危险，借 1938 年 11 月去瑞典接受诺贝尔奖的机会，费米携带家眷离开意大利去了美国。

当时美国已经得知了德国科学家发现核裂变的消息，这一发现可能导致原子武器的出现。在爱因斯坦等科学家的倡议下，美国总统罗斯福下令实施《曼哈顿计划》，要抢在希特勒之前制造出原子弹。到达美国不久，费米就被指派负责研究核裂变链式反应的可能性，这是原子弹研制的核心环节。1942 年 12 月，他设计并领导建成了世界上第一座实现了可控链式反应原子核反应堆。1945 年，第一颗原子弹在美国试验成功。费米将人类带入了“原子时代”，后人把他尊称为“原子弹之父”。

“曼哈顿计划”领导者莱恩礼·格罗夫斯将军为费米戴上国会勋绩奖章

费米(前排左一)和曼哈顿工程的科学家们在芝加哥大学重聚

落在日本广岛和长崎的两颗原子弹夺去了近 50 万平民的生命，这使费米陷入深深的悲痛和自责。1946年费米离职，回到了芝加哥大学任教，培养了大批优秀的物理学家。费米喜欢这种恬静的生活和工作，他说“科学已经给了我所能期望的一切可能的满足和愉快”，因此他不愿意把时间浪费在一些无聊的应酬上。1930年，意大利王子举行盛大婚典，费米头一天就接到了请柬。他心里矛盾重重，去吧，就要浪费宝贵的时间；不去吧，难免不恭之嫌。最后，他还是横下了心：不去了！他要在实验室里度过有价值的一天。

20世纪40年代后期，
正在授课的费米

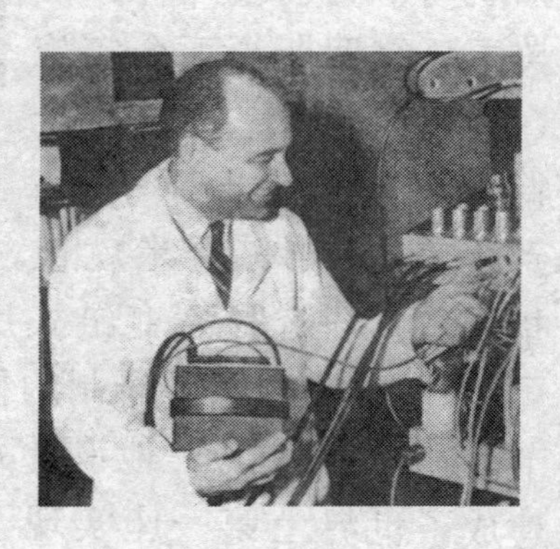

20世纪50年代初期，
费米在测试仪器

费米的一生淡泊名利，荣誉却总与他为伴。1929年他被选为意大利国家科学院院士，同年被墨索里尼授予“阁下”称号；1946年获梅里特国会勋章；1950年被选为英国皇家学会国外会员；1953年任美国物理学会会长；美国原子能委员会设立费米奖金，1954年首次颁奖，奖金授予费米本人等。面对如此众多的荣誉，费米却是那样的谦虚和淡然，他说："荣誉，只是一顶缀满鲜花的帽子，不小心掉在了我的头上。"

费米只活了 53 岁，可谓英年早逝。但他为社会、为人类所作的贡献却是可以船载车装的。随着时光的流逝，他所建造的那座反应堆早已成为历史的古迹，供人们参观游览和凭吊。然而，与反应堆、与原子时代紧紧联系在一起的，是费米那刻苦勤勉、勇于实践的科学精神，他那虚怀若谷、淡泊名利、维护正义的科学道德，堪与日月同辉，永垂不朽！

插上想象的翅膀

——1949年诺贝尔物理学奖获得者汤川秀树

我的小世界的窗户只向科学的花园打开，从那扇窗子里有充足的光线流淌进来。

——汤川秀树

汤川秀树(Yukawa Hideki，1907—1981)，日本京都大学理论物理学家，因提出原子核结合力的介子理论并预言介子的存在，获1949年诺贝尔物理学奖。

汤川秀树提出的介子理论不仅成为打开原子秘密的钥匙，也成为了打开宇宙秘密的钥匙，这使他成为日本第一、也是亚洲第二个荣获诺贝尔物理学奖的人。他在阐述自己关于基本粒子的见解时经常引用我国道家的言论来表明自己的观点。沿袭了几千年的中国传统文化不仅在自己的国土上生了根，也在我们的近邻日本开了花。那么，这朵由中国传统文明浇灌的东洋之花是如何开放的呢？

中国古代文化培植了他的想象力

汤川秀树，1907 年 1 月 23 日生于东京。那个年代几乎所有中国人的启蒙教育都是从“四书五经”开始的。说起“四书五经”，总会让人联想起我国旧式私塾中脑后拖着长辫子的小孩，摇头晃脑地念着“子曰诗云”。小秀树接受的也是这种中国旧式的传统教育，他的启蒙老师是他的外祖父。外祖父虽然不像拿着戒尺的教书先生那么不讲人情，却也绝对严厉。每天晚上，外祖父都会拿着一根一尺多长的指字棒教刚刚 5 岁的秀树诵读中国儒家经典中的“三书一经”——《大学》、《论语》、《孟子》和《孝经》，这样的学习一直持续了六七年。不过在当时，圣人孔子的仁义道德和孟子的人性善论等并不能引起年幼的秀树的兴趣。

上中学以后，外祖父停止了对秀树的汉学教育。说来也奇怪，原先外祖父天天逼着他念“四书五经”的时候，他对中国的古代书籍并没有兴趣，现在停止了学习，反而主动地亲近起中国古书来了。一天，在父亲的书房中，他发现了《老子》和《庄子》这两本书，他马上被老庄的道家学说吸引住了。汉字这种让多少“老外”望而生畏的语言载体，给秀树带来了意想不到的收获。虽然儒家正统的思想没有对秀树造成多大影响，但老庄的道家学说对秀树敏捷的思维和丰富的想象力的形成无疑是一个极大的促进。

除了“四书五经”之外，秀树还阅读了《水浒传》、《三国演义》、《西游记》等中国古代文学作品。当然，他也接触了大量的日本本国和欧洲的文学作品。不过秀树最钟爱的还是《水浒传》中的梁山好汉、《三国演义》中的刘备、项羽、曹操、诸葛亮和《西游记》中的唐僧师徒四人。一直到晚年，秀树仍能准确无误地说出《水浒》一百单八将的名字。中国几千年文化沉淀出来的深邃思想就像充满奥妙的星空一样迷人，让秀树百看不厌、百思不倦。

秀树对文学的爱好曾使他的小学同学成川干子误以为他会走文学创作之路，她说：“我从没想到汤川君会成为物理学家，我原以为他会进入文学领域。”但秀树却只想把文学当作一种业余爱好。其实，我们从秀树对道家学说表现出来的超乎寻常的兴趣中，也可以牵强附会地看出一点点要走科学研究之路的苗头。因为与科学一样，道家也是以自然界的天地万物为思考中心的。虽然没有成为文学家，但秀树对文学的爱好却一直保留了下来，而充满丰富想象、风格各异的文学作品对开拓他的思维空间起到了积极的作用。秀树还在京极小学念书时，校长在谈到“彻底”一词的含义时曾举了这么一个例子：有很多动物过河，这些动物大多是游过去的，只有大象是脚踏河底过去的。校长说:“这就是‘彻底’。”但秀树却想:如果河水比大象的身子还要深,那么大象怎么办呢?这种不浮于表面现象的深层思考是一名科学家必须具备的素质,一个不能透过表面现象去探索本质的人是不能成为科学家的。

追求富于想象力的生活
使他放弃了数学

有时,学生的低分并不是因为他没有学好这门功课,相反,倒是反映了学生的某些宝贵素质。从汤川秀树的经历中就可以看到这一点。

秀树在府立第一中学读书时,教他们数学的竹中马吉先生是个很善于抓住学生心理、调动学生学习积极性的老师。秀树对数学的兴趣也因此在他刚听竹中先生的第一堂课甚至第一句话时就被挖掘了出来,那天上课时,竹中先生说的第一句话是:“没来的同学请举手。”然后,他在同学们的笑声中转身在黑板上画了一个美仑美奂的圆。当他转回身来的时候,脸上却作出一副愁眉苦脸的样子,并且假装不好意思地说:“我画的圆真是太差了,画圆怎么这么难哪。”竹中先生的讲课风格幽默风趣、举重若轻,在他的嘴中,枯燥的数字和死板的公式都变得生动有趣起来,本来看起来很难的问题轻轻松松就解决了。秀树一下子就对竹中先生和他讲授的数学发生了浓厚兴趣,而运用逻辑推理的数学正好符合了从小领悟力极强因而不喜欢死记硬背的秀树的心理。从此,他开始在数学的演算与求证中体会解题的乐趣,而他灵活多变的解题能力也在演算和求证的过程中发挥到了极至。但秀树对数学的兴趣却随着他转入第三高中而无奈地结束了。在第三高中,主讲立体几何课的老师全然没有了竹中先生的风趣,他的教学很死板,但对学生却很严厉苛刻,他要求学生要将他所讲的内容全都记下来,如果哪位同学记笔记的手稍微停顿一下,就会被点名批评。

当时的日本,时兴在新学期刚开始时将在前一学期各科考试中不及格和得“危险分数”(60～70 分)的学生名字公布出来。学习成绩一向不错、对自己充满信心的秀树做梦也没想到自己竟会跻身于被公布姓名的学生之列,当立体几何老师念到他的名字时,他还以为自己听错了。试卷发下来以后,他才明白自己失分的原因仅仅在于他用的是自己的解题方法,而不是老师讲的解题方法。能够用不是老师教给的方法解题,这本来应看作是学生具有创造性思维和独立思考能力的表现,理应大加赞扬和奖励。然而,尽管秀树的答案是完全对的,但刻板、教条的老师却只给了他 66 分。

这件事极大地打击了秀树学习数学的积极性,使他放弃了要当数学家的打算。因为他认为这是一门只能按老师传授的方法来解题的学问,这与秀树富有想象力的个性格格不入,他不愿意将自己的一生奉献给这样束缚

一位历史系的学生教他《孟子》。雷先生介绍的是他的得意学生丁则良。丁先生学识丰富，不只教了他《孟子》，还给他讲了许多上古历史知识，这些都是在学校的教科书上学不到的。下一年暑假，父亲又教了他另一半《孟子》，所以在中学时代杨振宁就可以背诵《孟子》全文。

1937 年，抗日战争开始了，为了躲避日寇，他们一家先是搬回了合肥老家。在日军进入南京以后，他们又经汉口、香港、海防、河内，于 1938 年 3 月到达了昆明。杨振宁在昆明就读于昆华中学。

这一年，在父亲的引导下，他开始接触近代数学。他父亲向他推荐了几本经典的数学著作，还经常和他讨论一些数学问题，这些对杨振宁都有很大影响。40 年以后，他这样写道："我的物理学界同事们大多对数学采取功利主义的态度。也许因为父亲的影响，我较为欣赏数学。我欣赏数学家的价值观，我赞美数字家的优美和力量；它有战术上的机巧与灵活，又有战略上的雄才远虑。而且，它的一些美妙概念竟是支配物理世界的基本结构，这就是奇迹的奇迹。"

西南联大幸遇名师

抗战时期，由清华大学、北京大学和南开大学在昆明组成了西南联合大学。杨振宁在昆明读完了高二之后，就以同等学历考上了西南联大。由于没有经过高三的物

理学习，缺少必要的物理学基础，所以他进入了化学系。但是杨振宁最喜欢的还是物理学，所以一进校他就转到了物理系，开始走上了物理学探索的道路。

当时西南联大的物理系，真可谓是群星荟萃、英才毕至。赵忠尧、吴有训、周培源、吴大猷、王竹溪等当时中国物理学界的泰斗们，都在那里任教。杨振宁的大一物理教师是赵忠尧先生，电磁学教师是理学院院长吴有训先生，力学教师则是周培源先生，他们都是原来清华、北大的知名教授。除他们之外，还有两位教授对杨振宁的科学生涯也产生了深远的影响。这两位教授一位是吴大猷先生，一位是王竹溪先生。吴大猷原为北大教授，杨振宁的学士毕业论文是在吴大猷先生的指导下完成的。在做学士毕业论文的 1941 年秋，杨振宁去请教吴大猷先生，吴先生给了他一本《现代物理评论》，让他读一读其中一篇关于分子光谱和群论的关系的论文。杨武之先生对群论也很熟悉，他也拿出了一本有关群论的书给儿子做参考。正是这两本书把杨振宁引向了对称原理的新领域，他很快就掌握了群论的精髓，同时也对群论在物理学中的运用有了初步的认识，

准考證

辦事處

日期：

發給

1938 年杨振宁报考大学的准考证

从而为十几年后研究宇称守恒问题打下了坚实的基础。王竹溪教授则是杨振宁作硕士论文的导师。杨振宁在西南联大物理系本科毕业后，于1942年又进入了西南联大的研究院继续深造，两年之后当他要完成硕士毕业论文时，王竹溪教授刚刚从英国回国。王先生是热力学、统计物理学的专家，他给杨振宁出的题目是关于统计力学的，由此把杨振宁引向了统计物理学的领域。可以说，这两位先生是杨振宁科学研究的引路人，杨振宁以后的研究方向一直集中在对称原理和统计力学这两个方向。

1982年杨振宁与大学导师吴大猷

杨振宁在获得诺贝尔奖之后，第一个举动就是给当时远在加拿大的昔日老师吴大猷教授发函："我一直想感谢您，也许今天把这个消息告诉您是最好的时机……"

远涉重洋寻找名师

如果说杨振宁上大学时追逐名师还是被动的话，那么他到美国深造则完全是主动的选择。

1943年，杨振宁通过了公费留美生的选拔。虽然他对理论物理学更有兴趣，但他报考的却是高电压专业，当时这一专业属于实验物理学的一个分支。杨振宁选报这个专业的原因是,他认定了振兴中国必须要靠实验物理。一到美国纽约,杨振宁就去哥伦比亚大学找费米教授。杨振宁对费米教授非常佩服,这不仅因为费米对物理学基本原理的发展有过重大的贡献,更因为在他的主持下兴建了世界上第一座原子反应堆。

可是,费米当时不在纽约,杨振宁扑了个空。后来当他得知费米已经接受了芝加哥大学的邀请,即将去那里任教,于是他又来到了芝加哥。费米在芝加哥大学的任务是指导阿贡国家实验室的研究工作,这在当时是保密的。所以,费米对杨振宁说他不能指导他写学位论文,然后把杨振宁介绍给了另一位物理学家泰勒。泰勒(E. Teller)教授是一位有名的理论物理学家,是费米在芝加哥大学的同事。

杨振宁与泰勒第一次见面,泰勒就约请杨振宁共同散步。散步时,泰勒问杨振宁,氢原子基态的波函数是什么?因为杨振宁在国内已经学过了量子力学,于是马上给出了完满的回答。泰勒对杨振宁的回答非常满意,于是接受了杨振宁做他的研究生。能够跟随泰勒教授从事科学研究,是杨振宁向成功之路迈出了重要一步。以后杨振宁在泰勒的实验

20世纪70年代初
杨振宁与恩师泰勒

室里研究和学习,深得泰勒器重。

泰勒对杨振宁的影响主要在研究重点的转向上。泰勒帮助杨振宁把注意力从实验物理学转到了理论物理学,这样杨振宁就避开了实验能力较差的缺陷。后来有位科学家幽默地说,"这是实验物理学的幸运",其实这更是理论物理学的幸运。

关于费米对杨振宁的影响,杨振宁是这样说的:"(费米)认为太多形式化的东西不是不可能出物理,只是出物理的可能性常常很小,因为它有闭门造车的危险。而跟实际接触的物理才是能够长期站得住脚的物理。我后来对于物理的价值观念是深深受到了费米的影响的。"

在诺贝尔奖晚宴的演说中,杨振宁对促进自己成长的因素进行了简要分析,他说:"我深深察觉到一桩事实,这就是:在广义上说,我是中华文化和西方文化的产物,既是双方和谐的产物,又是双方冲突的产物,我愿意说我既以我的中国传统为骄傲,同样的,我又专心致志于现代科学。"

的确,正是东西方文化的共同哺育,使杨振宁成为了科学界大师级的人物,正是中外名师的共同培养,使他最终登上了世界科学的最高领奖台。杨振宁取得成功的原因是多方面的,但得遇名师,才使他少走了许多弯路。各位老师对他的不同影响,才使他成为了具有全面知识和才能的物理学全才,这无疑是他取得成功的一个非常重要的因素。从他的经历中,你得到了那些启发呢?

1971年杨振宁首次回国访问时与他大学时的老师周培源、王竹溪摄于北京大学

1971年中国之行，周恩来总理与杨振宁握手

1973 年杨振宁访问中国时
在中南海受到毛主席接见

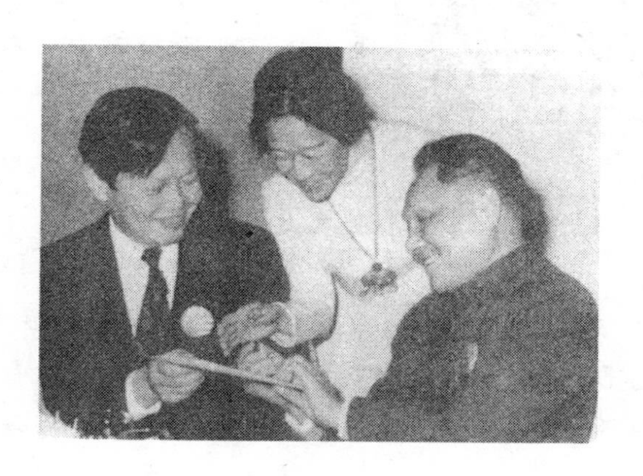

1984 年，邓小平会见诺贝尔物理学奖
获得者、华裔物理学家杨振宁

永远忠诚于知识和真理

——1957年诺贝尔物理学奖获得者李政道

“在我们追求真理的时候，也许有时会取得很快的进展。但是我们必须记住，即使翻筋头已经翻到了如来佛的手指根，我们离绝对真理，还是非常遥远的。”

——李政道

李政道（Tsung - Dao Lee，1926—），美籍华人，美国哥伦比亚大学理论物理系教授、美国科学院院士，1956年与杨振宁合作发现了在弱相互作用下宇称不守恒定律，获得1957年诺贝尔物理学奖。

在科学上早熟的李政道，30岁时便升任著名的哥伦比亚大学教授，31岁获得诺贝尔物理学奖。他体会到科学人才必须从小培养，因而建议在中国科技大学开设少年班。他关心中国科学事业的发展，建议设立国家自然科学基金，建议建立博士后制度，他建议建造北京正负电子对撞机，建议成立中国高等科学技术中心和北京近代物理中心……1974 年 5 月 30 日，他受到了毛泽东主席的接见，1985 年 7 月 16 日，邓小平同志会见了李政道，2000 年 8 月 5 日，又受到江泽民主席的接见。

1974 年 5 月 30 日，毛泽东主席在中南海会见诺贝尔物理学奖获得者、华裔物理学家李政道

邓小平接见李政道

科学与艺术
江泽民

李政道教授主编的《科学与艺术》大型画册受到了党和国家领导人的高度重视，国家主席江泽民亲笔为该书题写了书名。

生活动荡未坠青云之志

1926年11月25日，李政道出生于上海的一个书香门第。他的父亲毕业于南京金陵大学农化系，母亲毕业于上海启明女子中学。其实，李政道的祖上本姓陈，是太平天国将领石达开的部下，太平天国失败后为了躲避祸患，后代随了母亲的姓氏才改姓李。李政道这一代有兄弟五人，姐妹一人，李政道是家中的第三个儿子。李政道的父母对子女的教育十分尽心和严格，专门请了家庭教师来教他们数学、英文和国文。在父母的严格教育和督促下，李政道兄弟五人读书都很勤奋，成绩也很优异。后来，他们全都考上了大学，四弟李达道还曾任台湾中央研究院副院长。

李政道的少年时代是在动乱中渡过的，30年代的上海是冒险家的乐园，也是一座典型的半殖民地城市，市内到处是外国租界。在那里，外国人趾高气扬，中国人备受屈辱。李政道13岁那年，有一天，他在英租界乘电车，下车的时候不小心碰了一位中年的外国人。外国人认为自己的尊严受到损害，下车之后立即找来了印度巡警。这些替英国人“看门”的警察，不由分说地把李政道的双手反背起来，让那个外国人狠狠地打了一顿。

1937年，日寇侵入了中国，不久，上海告急。为了躲避日本侵略者的铁蹄，李政道逃离了上海，从此开始了流亡生活。这时他初中还没有毕业。李政道先是逃到浙江,不久又辗转逃到江西,进入了赣州高中学习。这是一段极其艰苦的历程,他路费短缺,途中又患了恶性疟疾,直到 1943 年到达贵州省贵阳后才得以痊愈。在高中,由于学习努力,他的学习成绩总是名列前茅。那时,学校条件极差,特别是师资奇缺。李政道因此被学校聘任为兼职教师,给低年级的学生上数学和物理课。这样一来,李政道不仅要学好自己的功课,还要抓紧课余时间备课。由于年龄相近,容易与学生沟通,他讲的课很受学生欢迎。

大学生活使他如鱼得水

1943 年秋天,李政道以同等学历考上了不久前迁徙到贵州的浙江大学。当时浙江大学的一部分学生在永兴县上课,李政道所在的物理系一年级就在那里。在浙江大学,李政道开始接触到了一些国际知名的物理学家和量子力学等重要的物理学前沿问题,并且啃下了很多物理学教科书和物理学专著,这为他日后解决重大的物理学难题打下了基础。

但这种生活并没有持续多久,1944 年,日军侵入贵州,浙江大学被迫停办。李政道不得不辗转抵达云南省的昆明,转入西南联合大学。西南联合大学是抗日战争爆发后不久,由清华大学、北京大学和南开大学共同组建的,当时聚集了很多我国最优秀的教授和学者。李政道到西南联大找到了原北京大学著名物理学教授吴大猷先生。在吴大猷教授的帮助下，李政道成为了物理系二年级的插班生。当时西南联合大学的条件非常之差，十五六人住在一间草屋里，上有蚊蝇、下有臭虫，雨天漏水，夏天闷热。但李政道对此已经感到十分满足了，他的求知热情十分高涨，学业成绩极为突出。在吴大猷先生所写的《回忆》一书中对李政道在西南联合大学的情况是这样描述的：

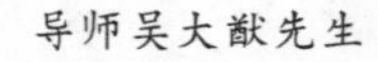
导师吴大猷先生

李政道年轻时的照片

“1945 年春天，忽然有一个胖胖的、不到 20 岁的孩子拿了一封介绍信来找我，这信是 1931 年我初到密歇根大学遇见过的梁大鹏兄写的。梁不学习物理，平时亦不太熟，十多年也未通过音讯，不知怎样会想到了我。

“他介绍来见我的这个孩子叫李政道。李原在广西宜山浙江大学读过一年级，由于日军逼近宜山，他便奔往重庆。他的姑姑认识梁，可不知梁怎么知道我在昆明，于是介绍李来见我。那时，恰值学年中间，不经考试不能转学。我便和教二年级物理、数学课的几位老师商量，让李随班听讲考试，他若及格，则等到暑假正式转入二年级时，可免读以前课程。其实，这不过是我个人认为的一个合理的办法，而没有经过学校正式的承认和许可。

"李应付课程绰绰有余，每天课后都来我处请我给他更多的读物和习题，他求知如此心切，简直到了奇怪的程度。有时，我风湿病发作，他替我捶背。他还常帮我做些家务琐事。我无论给他什么样难的书和题目，他都能很快地读完做完，并又来要更多的。我从他作题的步骤及方法上，很快发现他思想敏捷的程度，大大异乎常人。老实讲，在那些日子里，我为了我自身的工作、冠世(注：即阮冠世，吴大猷夫人)的疾病，还有每日买菜、烧饭、生火等家务劳动，牵扯精力很多，再加上物价飞涨，实在没有心绪准备更多的参考资料和出习题给他，好在他天资高，亦不需要我详细讲解，自能领会资料和习题的内容。"

老师的推荐让他登上了赴美的航船

1945 年秋，吴大猷应当时军政部门之邀，赴重庆向政府提出筹建国防科研机构的方案。吴大猷在方案中提出了派物理、化学、数学方面的优秀人才出国考察和学习

深造的建议,被当局采纳。吴大猷先生在《回忆》中这样写道:

“回昆明后,我告诉冠世此行的经过,谈到推选学习物理方面的两名人员时,冠世及我皆毫无犹豫地决定李政道。当时,在西南联大的研究生及助教中,具有天赋、学习勤奋的没有像李政道的,虽然他还未毕业,仅在大学二年级。另外一名,因杨振宁已考取清华留美,黄昆考取中英庚款留英,只好选定了清华助教朱光亚。后来,李政道到了美国,打听到在美国的大学里只有芝加哥大学允许未毕业的学生攻读博士学位,于是他就在该校注册入学,随著名物理学家费米教授写论文。论文在1949年写完。

“近年来李、杨成就卓然,时人常提到二人是我的学生,是我精心培植出来的,尤将李与我的机遇传为美谈。其实,我们不过适逢相会,只是在彼时彼地恰巧遇上而已。譬如两颗钻石,不管你把它们放在哪里,它们还是钻石。”

回忆起人生中这样一段重要过程,李政道表示:吴大猷是这段时间里对他影响最深远的一位师长,虽然他在吴大猷门下只有一年零两个月的时间,但这段时间却是他一生中获益最多的时期。他说,“我从吴师处学到的不仅是人格的涵养,最重要的是学到对知识的『忠诚』(dedication)。”

1946年9月李政道来到了美国。因为他只是一名大三学生,没有大学毕业文凭,按规定进不了研究院,但他又不想为了一张毕业文凭而在美国重新读大学。后来当他得知芝加哥大学是惟一允许没有大学毕业资格的学生攻读博士研究生的美国大学后，便报考了芝加哥大学物理学系的研究生。可是芝加哥大学对学生的录取也有限制，其中有一项规定是：报考研究生的学生必须熟读校长指定的几十本古今西方文化名著。但是李政道对这些书名和作者几乎一无所知。他对芝加哥大学负责招生的人员是这样解释的："我对东方文化的名著如孔子、孟子、老子等人的学说颇具造诣，而这些东方名著与校长指定的书水平相当。"招生办的负责人认为李政道的话不无道理，就同意让他先进芝加哥研究生院试读，以后看情况再决定他的去向。幸运的是，两个月后，经过芝加哥大学物理系主任争取，李政道被正式录为研究生。四年后，李政道获得了他的第一张文凭——博士证书。

良师益友助他攀上科学的高峰

在芝加哥大学，李政道如鱼得水，特别是费米的讲课更使李政道深受启发。费米每次上课，都要先从他的卡片盒中抽出一张卡片，卡片上只有标题和几个关键的公式。然后他就开始层层深入地进行分析，推出有关公式，解释其中的含义。费米在物理学领域里自由驰骋的才能使李政道受到很大的激励，坚定了他从事理论物理研究的决心。1948 年李政道通过了研究生资格考试，成为费米亲自指导的博士生。费米首先引导李政道研究核物

理，然后研究天体物理。费米非常注意培养学生的自信心和独立思考的能力，要求学生不盲从他人的结果，一定要立足于自己的思考和运算。他常常提出一些新的问题，让李政道去阅读思考，一周后再给他讲解。有一次，费米为了帮助李政道验证文献中有关太阳内部辐射转移方程组的计算，亲自制作了一把长达两米的计算尺，使李政道很快完成了检验工作。李政道几十年后回忆往事时深情地说：每当我遇到困难时，总要想想，在这种情况下费米会怎样做。费米的方法使我深受其益，这实在是培养学生独立工作能力的好方法。

李政道在芝加哥大学遇到的另一个对他今后的发展有重大影响的人是杨振宁。如果说费米是良师的话，那么杨振宁则是益友。他们有着相似的经历，都曾亲身经历和亲眼目睹了中国人饱受欺凌的遭遇，都是在战乱中勤奋攻读学有所成，也都怀着一腔努力在科学事业上做出贡献、为中华民族争光的热情。他们二人都是敏锐而快捷的思考者，两个人智慧的碰撞必然会发出耀眼的光辉。

1957年李政道和杨振宁一起获得了诺贝尔物理学奖。那么，李政道怎样看待自己的成果呢？诺贝尔奖授奖典礼上，李政道在他的致辞中这样说道："一个科学上的成就永远是许多在同一或相关领域中的研究者积累的结果。没有过去的经验，没有现在的激励，就不会产生我们今天的观念和知识；没有将来的实验，我们今天的观念

李政道(左二)、杨振宁(右二)在芝加哥大学

和知识也不能进化。虽然这许多因素构成了进步的整体,但人们往往只记得最后光辉的收获而忘记了其中辛勤的耕耘。在今天隆重的典礼上,我格外感受到,有许多伟大的物理学家,他们为人类对自然界的了解做出了很大的贡献,但还没有像我今天这样被授予如此的荣誉。"

在随后的晚宴上,李政道又对此进行了更进一步的阐述。他首先向到会的来宾介绍了孙悟空怎样从一只石猴当上了齐天大圣,又如何与如来佛对阵。然后,他话锋一转:"以我们有限的人类智慧去认识无限的宇宙奥秘,将是一个永无终止的过程。在探索知识的过程中,我们可能会

李政道在讲课

取得很快的进展，但是我们必须记住，即使到了如来佛手指的底部，我们离绝对真理还很远很远。”

1998年1月23日，李政道将其毕生积蓄的30万美元，以他和他已故的夫人秦惠(竹君)的名义设立了“中国大学生科研辅助基金”，资助北京大学、复旦大学、兰州大学和苏州大学的本科生从事科研辅助工作。李政道为中国教育事业的发展，为科学事业后继有人，真是用心良苦，竭尽全力。

李政道在做报告

面对21世纪物理的挑战
求实创新努力作出贡献

李政道
二〇〇二年三月廿七日

谈笑之间觅真知

——1965年诺贝尔物理学奖获得者理查德·费因曼

“如果一个人学会了解释简单的东西,他就懂得了解释是什么;也就是说,他理解了科学本身。”
——理查德·费因曼

理查德·费因曼(Richard Feynman, 1918—1988),美国理论物理学家。因在量子电动力学方面具有深刻影响的基础研究,获得1965年诺贝尔物理奖。

在所有诺贝尔奖得主当中最有趣的也许非理查德·费因曼莫属了,好奇心伴随着他的科研工作和他的一生。许多人认为,理查德·费因曼是本世纪诞生于美国的最伟大的物理学家,一个独辟蹊径的思考者,一个超乎寻常的教师,一个尽善尽美的演员,一个热爱生活和自然的人。费因曼最可贵的品质之一,是他对于大自然的奇迹无休止的好奇心和从全新的角度看问题的能力。费因曼喜欢观察最普通的自然现象,并找出其中的道理。费因曼常说,如果一个人学会了解释简单的东西,他就懂得了解释是什么;也就是说,他理解了科学本身。现在就让我们循着他的人生轨迹,去了解一下这位科学怪杰吧。

趣味横生的启蒙教育

费因曼的早期教育来自他的父亲。父亲麦尔维尔是1895年和父母一起来到美国的,那时他还是个5岁的孩子。年轻时,他曾对科学产生了浓厚的兴趣,可是由于没有足够的经济来源,最后只好放弃了做物理学家的梦想。但他把希望寄托在下一代身上,在理查德出生之前,麦尔维尔就对妻子说:“如果生个男孩子,他准能当个科学家。”为了使自己的预言得以实现,他尽了自己最大的努力。

当费因曼还坐在婴儿椅上的时候,父亲往家里带回了一堆装修浴室用的各种颜色的小瓷片,父亲把它们立起来,像多米诺骨牌似的排成一排,然后让费因曼推倒最边上的一块,在连锁反应下,这些瓷片全倒了。这真是太有趣了,费因曼忍不住要再试一次。这次排列瓷片时,父亲要求费因曼要变出些花样:两白一蓝,两白一蓝……看到儿子忙活的满头大汗,母亲忍不住说:“唉,你让小家伙随便玩就是了?他爱在哪儿加蓝色的,就让他加好了。”

可父亲回答道："这不行。我正教他什么是序列，并告诉他这是多么有趣呢！这是学习数学的第一步。"在父亲的引导下，费因曼学会了用各种方法摆放瓷片，在玩耍中认识了形状和简单的算术原理。

当费因曼长大一点时，麦尔维尔又带他去博物馆，同时开始给他读书。父亲最喜欢读的书是《大英百科全书》，他总是让费因曼坐在自己的膝上，给他读书中最有趣的章节。有一次父亲读到了恐龙，书里说，"恐龙的身高有25英尺，头有6英尺宽。"那么，25英尺和6英尺究竟意味着什么呢？父亲是这样解释的，"要是恐龙站在门前的院子里，那么它的身高足以使它的脑袋凑着咱们这两层楼的窗户，可它的脑袋却伸不进窗户，因为它比窗户还宽呢！"生动形象的比喻一下子就引起了费因曼的兴趣，居然有这么大的动物，而且居然由于无人知晓的原因而灭绝了，费因曼觉得兴奋极了，新奇极了。在父亲的不断启发下，费因曼逐渐学会了"翻译"，对于任何东西，他都要琢磨它们的实际意义究竟是什么，然后用自己的语言表达出来。除了"翻译"之外，麦尔维尔还教会了费因曼怎样思考，他让费因曼设想自己遇见了火星人，火星人肯定要问很多关于地球的问题。比如说，为什么人在夜里睡觉？对于这些问题应该怎样回答呢？这是十分高明的教育方法，从设置情景，提出问题，到做出解答，一切都是那么生动、自然、有趣。后来费因曼愉快地回忆道："没有压力，只有可爱的、有趣的讨论。"这种培养和教导的直接效果是:年轻的费因曼很快就开始自己阅读《大英百科全书》了,他对书中关于科学和数学的文章尤其感兴趣。在兴趣的驱动下,他开始照着课本自学起了几何。

另外,在父亲的培养下,费因曼还养成了在生活中留心观察的习惯。一天,费因曼在玩玩具马车,马车的车斗里有一个小球。在玩的过程中,费因曼发现了一个问题,于是找到父亲,问道,"爸爸,当我拉动马车的时候,小球往后走;而我把它停住的时候,小球往前滚。这是为什么呢?"

"因为运动的物体总是趋于保持运动,而静止的东西又总是趋于保持静止,这种趋势就是惯性。但是,现在还没有人知道为什么会这样。"这已经是对惯性很深入的理解,但父亲并不仅仅局限于给费因曼一个名词。父亲接着说,"如果从边上一个固定位置看,相对于地面来说小球其实还是往前挪了一点,而不是向后走。"费因曼跑回去把球又放在车上,从边上观察,果然如父亲所言,小球不是向后,而是向前移动的。这件事给了费因曼很大的启示,他由此明白了只有认真地观察才能把握住问题的实质的道理。后来,注重敏锐而细致的观察,成为了费因曼一个很典型的研究风格。

情趣相同的挚爱

理查德·费因曼和阿琳·格林鲍姆从高中时代起就开

始约会，尽管两个年轻人的志趣不太相同，他们却拥有共同的幽默情趣。经过多年的交往，两人深深地相爱了。即便在费因曼被普林斯顿大学录取远离家乡的这段日子里，两个人的关系也在不断发展。经过六年的恋爱之后，他们正式订了婚。但就在这时，阿琳的身体出了问题。她的颈部出现了一个肿块，并且持续地感到疲惫和低烧。阿琳被诊断患了结核病，这是一种传染性极强并且在当时很难治愈的疾病。为了照顾阿琳，费因曼决定跟她结婚。但费因曼的父母坚决反对儿子与这样一个病人结婚，因为他们害怕自己的儿子也被传染上，他们建议他撕毁婚约，但费因曼坚决拒绝这样做。

1942 年 6 月 29 日，在去医院的路上，一位治安官员主持了他们的结婚仪式。尽管这时费因曼已经在忙于曼哈顿计划的研究工作，他还是尽心竭力地照顾阿琳。1943 年春天，普林斯顿大学的科学家们被转移到了洛斯阿拉莫斯的实验室。离家远了，费因曼非常不放心阿琳。为了使费因曼可以安心工作，项目主持人罗伯特·奥本海默在洛斯阿拉莫斯以北 60 英里的阿布奎基找了一所医院，让阿琳住在那里。每个周末，费因曼都驱车赶到阿布奎基，与阿琳待在一起。一周当中的其他日子，这对年轻夫妇就互相写信。就是在这种奇特而充满悲剧色彩的情况下，两个人也从来没有失去过机智和幽默。

离试爆越来越近了，阿琳的病情却在逐步地恶化。1945 年 6 月 16 日，她去世了，那时他们结婚才三年，离第一次核爆炸只有一个月了。费因曼陪她度过了生命的最后一刻。阿琳的死使费因曼悲痛万分，他仿佛失去了知觉。直到几个星期以后，他路过一家商店看到了一件连衣裙，他想要是阿琳穿上一定很美，仍忍不住悲伤，失声痛哭，无法自抑。

在费因曼一生当中，阿琳一直都是他思想中的核心人物。他不断梦见她，经常给她写信。在她去世两年后，费因曼的一封信是这样开头的："我爱你，甜心。"他接下来写道："我遇到了很多好姑娘，我也不想老是孤单一人，可是见过两三次面之后她们就都随风而去了。只有你是我的。你才是真的。我最爱的妻子，我爱你。"

可是就在这种表达自己最真挚感情的情况下，他那爱逗趣的天性也不能完全压抑得住。他在信的结尾写道："又及：请原谅我没有寄出这封信，因为我不知道你的新地址。"

把工作变成乐趣

费因曼不是一个一般的理论物理学家，他的引人注目之处不仅在于他的创造性和对科学的一丝不苟，更在于他的幽默感、生活乐趣以及引起别人注意的能力。费因曼的一生中有许多逸闻趣事，从下面的几个事例中我们就可以感受到"半是天才，半是滑稽演员"的独特个性。

费因曼演讲时的风采

1945年7月16日清晨5点29分45秒，第一颗原子弹在美国新墨西哥州微明的天空中爆炸了。一道强光穿透了黑暗，顷刻之间它变得非常明亮。然后，光好像灭了一会儿，等它重新出现的时候，已经形成了一个光芒四射的大火球。火球迅速变幻着颜色，先是白色，然后是黄色，最后变成了橘黄色。一片由烟雾和爆炸碎片构成的黑云冲天而起，渐渐形成了我们所熟悉的蘑菇形。那天，理查德·费因曼可能是惟一用裸眼观看的人。本来，聚集在这里的著名科学家和政要每人都有一副电焊工用的眼镜。但费因曼永远都是个叛逆者，他没有戴眼镜，而是躲在一辆大卡车的挡风玻璃后面观看。他认定这么厚的玻璃一定能够阻挡住射线辐射。费因曼并不是不知道那天将要发生什么事情，就是他领导一个小组，进行了第一个核裂变炸弹所需要的极其复杂的运算。

亲自参与了释放毁灭性的核能量和挚爱妻子的去世，使费因曼陷入了深深的忧郁。但他采用了一种完全是“费因曼式”的方法打破了这种忧郁。有一天，他在康奈尔大学的咖啡厅里看见一个学生抛起了一个餐盘。他给自己提出一个挑战，用公式来描述盘子的转动和摆动之间的关系。经过一番努力，他终于能够证明，就像他观察到的一样，当摆动角度很小时，转动速度是摆动速度的两倍。当费因曼兴奋地把这一结果告诉别人的时候，别人却不以为然地问他：这有什么实际价值呢？其实，对于费因曼来说，这个研究不仅使他暂时忘记了忧虑，而且还是一次深刻的领悟。他决定从今以后，他只为了自己的兴趣而研究物理。被这个决定激励着，他重新开始研究量子电动力学的问题，最终就是这方面的研究使他获得了诺贝尔奖。有趣的是，后来他发现，他出于兴趣而研究的旋转餐碟的运动，也适用于电子旋转的问题。

除了科学家的身份之外，费因曼还是一名出色的教师。对于费因曼的教学生涯来说，父亲对他早年的训练是无价之宝。最重要的是，麦尔维尔在他身上灌注了一种对于大自然的美的赞叹和欣赏，并使他产生了与他人分享这种感受的灼人的欲望。听费因曼讲课简直是一种触电的经历。在讲台上，他总是处于动态，正如他喜欢谈论的原子一样。他像个舞蹈演员一样昂首挺胸地在台上走来走去，他的胳膊和双手划出复杂而优美的弧线，配合着他的语言。他的声音时高时低，用来证明他的论点。总而言之，他能牢牢地抓住听众的注意力。加州理工学院把他的一系列讲座收集在一起，出版了《费因曼讲物理》，这本书马上成了经典著作，成了全世界的热销书。费因曼从教学当中也得到了活力，他喜爱自己的教学工作。他写道："教学和学生使我的生命得以延续。如果有人给我创造一个很好的环境，但是我不能教学的话，那我永远不会接受，永远不会。"

在生命即将结束的时候，费因曼患了好几种罕见的癌症，他的肾也几乎衰竭。1988 年 2 月 15 日，他与世长辞，终年 69 岁。他去世后的第二天，学生们在加州理工学院 10 层高的图书馆顶楼挂起一条横幅，上面写着："我们爱你，迪克。"九泉之下，理查德·费因曼对这句质朴的悼词一定会感到满意和感动的。

爱好与事业的幸福联姻

——1973年诺贝尔物理学奖获得者伊瓦尔·贾埃弗

伊瓦尔·贾埃弗(Ivar Giaever,1929—),美籍挪威人,美国物理学家,因通过实验发现半导体中的"隧道效应"和超导物质,获1973年诺贝尔物理学奖。

1973年,挪威首都奥斯陆的一家报纸以特大号字体的标题醒目地刊登了一则消息:"台球、桥牌高手荣获了今年的诺贝尔奖!"而在接下来的详细报道中则这样写道:"今年的诺贝尔物理学奖得主伊瓦尔·贾埃弗,20多年前在国内读书时是一位打台球和玩桥牌的高手,但在物理学方面却曾经是一个考试几乎不及格的蹩脚生。"那么,这个物理课蹩脚生究竟是怎样处理好了事业与爱好的关系,最终成为了一名卓有成就的物理学家呢?

“小图书馆”铺设了成才之路

1929年4月5日，伊瓦尔·贾埃弗出生于挪威卑尔根市远郊的一个小乡村。村里只有200来户居民，大多从事农业生产。村子旁边有一条铁路，小时候，贾埃弗经常坐在铁道旁，等待火车的到来。看着蒸汽机车头冒出的黑烟和白烟，看着满载货物或乘客的车厢呼啸而过，贾埃弗心中总是在想：“这个笨重的大家伙怎么会有那么大的力气？”

贾埃弗对各种小的机械装置也充满兴趣，自家或邻居家的钟表、收音机坏了，他都能修好。但他并不觉得自己有什么了不起，因为村里的人都是自己动手修理桌椅、农具和机械的。东西坏了自己修，在他看来是理所当然的事。

贾埃弗的家境并不殷实，一家五口人借住在一座农场的房子里。父亲是一名自学成才的药剂师，同时又开着一个小书店。父亲之所以要开书店，一方面也是为了贴补家用，另一方面则是为了满足自己酷爱读书的嗜好。父亲一般每个月要进一次货，每次进货量都在三四百本书以上，时间一长，这个并不宽敞的家俨然成为一个小小的图书馆。小贾埃弗就是在这样一个“图书馆”里成长起来的。在父亲的影响下，他和哥哥都成了“书虫”。没有受过多少教育的母亲对儿子们的爱好并不赞成，晚上，一看到兄弟俩在看书，就会把灯给关了。但是，等母亲离开后，兄弟俩就会拿出手电筒在破被窝里继续看书。

艰难跨入大学校门

7岁时，贾埃弗上了小学，学校不大，老师也很少。从一到三年级，学校每周只开两次课，四到七年级一周只开一次课。贾埃弗的家离学校有5公里远，地处北欧的挪威奇寒多雪，但为了学习知识，即使再冷的天再大的雪，贾埃弗也要去上学，他从不缺课。

12岁那年，贾埃弗从家中“小图书馆”的一本小册子里知道了美国著名发明家爱迪生发明电灯泡、留声机的故事，这些故事使他萌生做发明家的理想。但他又时常很沮丧地想：自己出生得太晚了，能够发明的东西都已经被别人发明了，还有什么东西能留给自己呢？但不久后，他便从这种沮丧中解脱了出来。从几本画册中他得知科学家们最近又发明出了电视机、计算机和喷气式飞机，贾埃弗不由得兴奋万分：原来还有许多今天所想象不到的东西在等待着自己呢！一定要努力，一定要当一个明天的科学家、发明家。

当时挪威的教育事业还不发达，每所小学和中学只有成绩名列前二、三名的毕业生才有机会升入更高一级的学校。为了实现远大的理想，贾埃弗学习十分用功。他的成绩总是名列前茅，因此他在顺利地考入了初中后又升入了高中。1946 年，他离开了家乡，来到哈马尔市上高中，开始了独立的生活。学校里没有宿舍也没有食堂，他只好住在学校附近廉价的学生公寓，自己做饭。时间紧张时，就吃几口冷饭，然后迅速到校上课。

由于家境不宽裕，高中毕业后，贾埃弗只能报考免收学费的公立大学。第一次，他报考的是现代电子工程学专业，尽管成绩很好，但由于名额已满，他未能被录取。第二次，他又报考了化学工程学专业，仍因同样原因未被录取。这期间，为了减轻家庭负担，贾埃弗一边打工挣钱，一边复习功课，准备再考。第三次，他报考了名额比较充裕的机械工程专业。本来这是他孩提时代最为喜爱的专业，但这时，他的兴趣已经发生了转移。由于没有别的选择，他只好带着几分无奈跨入了大学校门。

浪子回头金不换

当时挪威的大学的情况是，入学非常难，但一旦考入大学，一般都会顺利毕业。也许因为如此，也许因为学的是不大喜欢的专业，总之，贾埃弗进入大学后那紧绷了几年的神经一下子松驰了下来，他把大量的精力花在了“玩”上。

早在少年时代，他就非常喜爱体育运动。他像许多挪威人一样，是雪上运动的爱好者，尤其喜爱惊险而又刺激的高山速降和跳台滑雪。而他所就读的大学，具有得天独厚的滑雪条件,在这里,他可以充分施展他的滑雪天赋。另外,他还很喜欢越野长跑。长期的锻炼,使他身材修长匀称,体格强健。

后来,他又喜爱上了台球和桥牌,经常和三五个同学或好友,玩得通宵达旦,可是在台球和桥牌技艺大有长进的同时,他学习成绩却直线下滑,物理学考试差点不及格,其他几门课程也都是勉强过关。过分热衷于体育,使贾埃弗得到了强健的体魄,但又失去了扎实的知识基础,这让他在日后的工作和学习中吃尽苦头。

尽管如此,贾埃弗还是获得了机械工程学学士学位,1952 年从大学毕业了。在陆军服了一年兵役后,他来到挪威首都奥斯陆担任了国家专利局的专利审查员。四年后,他携妻来到了美国纽约州的斯克内克塔市,任通用电气公司应用教学研究员。任职期间,贾埃弗在工作中遇到了许多技术难题,由于在大学时代没有打好基础,这些难题他无法解决。贾埃弗后悔了,于是报名参加了公司的专业培训,开始了真正的刻苦学习。公司培训的重点在工程学和应用数学等方面,贾埃弗感到除此之外自己在基础知识和前沿科学领域还需要学习更多的东西,于是,又上了伦塞勒工业学院开办的夜大学,学习本科的物理学专业。两年后,他从夜大学毕业,继续攻读量子物理学的研究生。

在贾埃弗学习的这段时间里,他白天在彼得伯勒的公司实验室里工作,晚上驱车赶往特罗伊市上夜校,然后回到家中复习所学的课程，第二天一早还要去上班，他经常一天只睡四五个小时的觉。这时，他那经过多年体育运动而练就的强健体魄发挥了作用，支撑着他完成了繁重的工作和学习任务。

把隧道效应与超导幸福地联姻

贾埃弗在做实验

“开展深入的工业研究所必需的物理学知识，《费曼物理学讲义》中几乎应有尽有……我连睡觉时都把它放在枕头下面……书中的许多章节令我着迷不已”。这是贾埃弗对《费曼物理学讲义》的高度评价。1958 年，通用公司实验室安排贾埃弗研究用薄膜技术制造电子器件，他在这方面是个有一定基础、但基础又不十分扎实的“半专业人员”。在研究的过程中，他遇到了许多经典物理学理论所无法解释的问题。恰在这时，由美国著名物理学家费曼编写的《费曼物理学讲义》出版了，这真如天降甘霖，这本书中有许多内容都是贾埃弗从事研究工作所必需的基础知识。贾埃弗如饥似渴、废寝忘食地研读起来。

贾埃弗将学到的知识运用到研究工作中，取得了很好的效果，他本人的水平和能力也在迅速提高。1962年，他终于取得了重大突破，日本物理学家江崎珍于奈发现了半导体的隧道效应，贾埃弗将它引伸到超导研究中，发现了在超导材料中的隧道效应，并用量子力学的理论进行了解释。他风趣地说："我的发现是把隧道效应与超导幸福地联姻。"

贾埃弗的成果，使人们对于超导的了解和研究大大地前进了一步。

1973年，贾埃弗从瑞典国王手中接过诺贝尔物理学奖的证书和奖牌。

1973年，他因此荣获了诺贝尔物理学奖。获得了科学最高荣誉的他依然保持着对滑雪的爱好，同时，他又喜爱上了打网球、帆板和冲浪运动。在学业上，他也更执著，再也不会因贪玩而耽误正事了。贾埃弗终于实现了事业与个人爱好的幸福联姻。

哥本哈根精神的继承人

——1975年诺贝尔物理学奖获得者阿格·玻尔

阿格·玻尔(Aage Bohr, 1922—),丹麦哥本哈根理论物理研究所理论核物理学家,1975年因发现了原子核中集体运动和粒子运动之间的关系,以及在此基础上发展了原子核结构的理论而获诺贝尔物理学奖。

中国有句俗语:“打虎还得亲兄弟,上阵莫如父子兵。”你知道吗?在众多的诺贝尔物理学奖得主中,还真的有四对父子兵呢!玻尔父子就是其中的一对。阿格·玻尔是在他的父亲尼尔斯·玻尔的直接影响下走上了科学研究的道路,并最终获得成功的。

得天独厚的成长环境

阿格·玻尔1922年出生。就在这一年他的父亲获得

了诺贝尔物理学奖。

老玻尔是一个非常注意家庭教育的人。阿格·玻尔从一出生就生活在一个充满科学意识的环境里。

这是1927年左右的照片，
尼尔斯·玻尔和他的五个儿子在一起
（左数第五人是阿格·玻尔，时年5岁）

老玻尔非常喜欢和孩子们一起游戏，他经常会提出一些有趣的问题来训练孩子们的思维。有一次，他问："无猫有二尾，一猫比无猫多一尾，因此一猫有三尾。这是怎么回事？"其它几个孩子明知这个结论是不对的，但就是说不明白问题出在哪里。这时，年仅三岁的阿格·玻尔找到了问题的所在。他对父亲说："无猫，就是没有猫，没有猫怎么会有两条尾巴呢？"由于善于思考，思维又敏捷，阿格·玻尔常常让父亲大加赞赏。

阿格·玻尔的父亲还喜欢随手给儿子们做一些小实验。吃饭用的叉子、喝水用的玻璃杯等都可以用来做实验的工具。除此之外，老玻尔还经常带领孩子们到大自然中做一些体育游戏。这种在玩中学的教育方式,大大激发了阿格·玻尔和哥哥们对实验的兴致,密切了他们与大自然的联系,同时也使父子间的关系非常和谐融洽。

正是在这样的环境中,小玻尔渐渐长大了。对科学的兴趣和对父亲的信任,使他自然地对物理学有一种亲近感,他认为物理学就和父亲一样可爱、有趣。在兄弟几个当中,阿格是惟一对物理学始终感兴趣的人,也许正是因为这一点,阿格也特别受到父亲的偏爱,得以常常聆听父亲的教诲。

由于阿格经常跟随在父亲的身边,所以经常有机会接触到包括德国的海森堡、奥地利的泡利在内的一些著名物理学家。父亲跟友人之间关于物理学问题的探讨,他总是认真倾听,由此受到了潜移默化的影响熏陶,这对他后来的研究工作有很大的帮助。1940 年,18 岁的阿格进入了哥本哈根大学学习物理学专业,学习之余还协助父亲做些书信整理和文章抄写之类的工作。那段时间,尼尔斯·玻尔正在从事有关核物理理论问题的研究,经常跟同事和友人讨论与此相关的问题,阿格·玻尔有时也参与讨论,在不知不觉中对这些问题产生了极大的兴趣和热情。

就这样,在父亲的影响下,阿格·玻尔迷恋上了物理学,并且,他和父亲有着相同的志趣,科学研究方向基本一致。

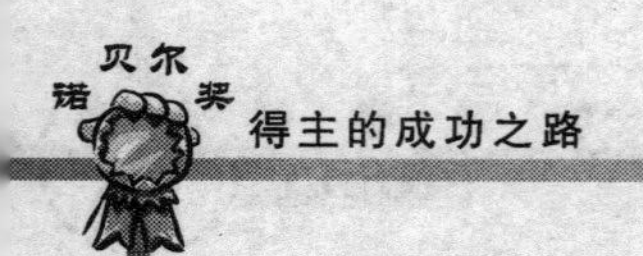

不同寻常的求学历程

大学生活是充实而有趣的。在家庭和学校的良好教育下，小玻尔迅速成长着。正当他踌躇满志地向科学的高峰攀登之时，战争改变了他的生活。由于具有犹太血统的缘故，玻尔家族面临着可能受到纳粹德国迫害的威胁。1943 年 10 月，玻尔一家不得不逃离哥本哈根，暂住瑞典。

当时英美两国正在加紧原子弹的研制。到瑞典不久，老玻尔接受了丘吉尔的科学顾问彻威尔的邀请，来到英国，参加了英国的发展原子能研究计划。老玻尔坚决要带上阿格同行，因为他知道，对于一个人的成长来说，这些经历是非常难得而宝贵的，它可以让小玻尔直接接触世界物理学研究的最前沿领域，加快小玻尔成长的步伐。从这件事上，可看出老玻尔要竭力创造各种条件，让阿格尽快成长起来的良苦用心。

不久，父亲又带着阿格飞往了美国，参加美国洛斯阿拉莫斯实验室第一颗原子弹试制的研究工作。当时老玻尔公开的身份是英国管材合金董事会顾问，小玻尔则是科学事务办事员，充当老玻尔的助手和秘书。他们此行的目的是要保证原子能“被用于全人类福利方面，而不要成为对人类文明的威胁”。作为助手和秘书，阿格每天都要分担一部分父亲的工作，并且与父亲一起分享各种构想。这时,他还不过是一名尚未完成大学学业的年轻人,20岁刚刚出头。在异国他乡为尖端的科学研究而奔波的这段传奇式的经历对阿格来说是十分难得的,他由此丰富了人生体验,更加懂得科学的伟大力量,同时自立能力上也得到了很好的锻炼。

1945年8月,阿格·玻尔回到了哥本哈根,继续完成学业。一年后,也就是1946年,他以“带电粒子在物质中的阻止本领”为题完成了硕士毕业论文,这个课题也正是他父亲关心的问题之一。

获得硕士学位之后,他就在父亲主持的哥本哈根理论物理研究所工作。1954年,阿格完成了博士论文答辩。1956年,阿格·玻尔又受聘为哥本哈根大学教授。此时,老玻尔已走向暮年,而小玻尔子承父业,成为了原子核理论方面的新秀。

独具特色的研究风格

1962年,老玻尔去世。1963年,阿格接任了哥本哈根理论物理研究所所长,他在这个职务上一直工作到1970年。

从20世纪五六十年代起,阿格·玻尔与莫特森的名字就始终与原子核结构研究联系在一起,并且他们的研究水平一直处于世界的领先地位。

这首先是因为他们的研究方向相对集中。在当时,

阿格·玻尔夫妇

相对论与量子论开启了理论物理研究的又一个黄金时代，各种有价值的研究领域相继开辟，大有“乱花渐欲迷人眼”之势。许多科学家在选定自己的研究项目时总犹豫不决。在这种情况下，阿格却能冷静地分析自己的优势，遵照宁精勿滥的原则，把研究的焦点定位在原子核的结构方面，保证了研究成果的高水准。

其次，是将理论与实验密切结合。在他们的研究所内，很多理论工作者都拥有很丰富的实验知识，而不少实验工作者在理论上也有很深的造诣。阿格·玻尔和莫特森等理论物理学家对实验技术有清晰的了解，他们常到实验室与实验工作者讨论问题，有时还在实验讨论会上首先发言，提出实验课题。

再其次，就是学术氛围浓厚。阿格·玻尔与他父亲一样平易近人，他很喜欢与年轻人讨论问题。在他的带动下，研究所的大黑板前讨论问题的人常常是络绎不绝；餐厅里，饭食虽然简单，但一顿午饭经常可以吃上一二个小时，饭厅也经常会变成讨论问题的场所。他还定期和不定期地邀请科技界的友人到家里作客，他与夫人都很好客，他们谦逊的风度给客人留下了十分深刻的印象。

1975 年阿格·玻尔离开哥本哈根理论物理研究所，

出任北欧理论原子物理研究所所长。在那里,阿格·玻尔一如既往地发扬着尼尔斯·玻尔所倡导的哥本哈根精神——善于合作和发挥集体力量。

他在自传中曾有这样一段话:

“我们十分有幸能和尼尔斯·玻尔研究所及北欧理论原子物理研究所(Nordita)的同事们密切地一起工作,其中也包括来自世界各地的许多杰出科学家,这一切大大地繁荣了科学气氛和活跃了个人交往。我们感到,在合作中,我们充分地发挥了通过长期的共同经历和共同理解所协调的亲密精神。……对我们整个圈子来说,如何发挥研究所的各种传统,探求可能的机遇,一直是我们面临的挑战。在这些传统中我特别要提到两个方面:一个方面是实验研究和理论研究之间富有成果的相互促进;另一方面是提倡国际协作,这既是发展科学本身的重要因素,也是国家之间沟通和理解的一种手段。”

在全球科学经济一体化进程越来越快、国际间的交流与合作日益密切的今天,阿格的这番话或许会给我们一些有益的启迪。

成功源于勤、智、趣

——1976年诺贝尔物理学奖获得者丁肇中

无论干哪一行都要成为佼佼者。

——丁肇中

丁肇中(Chao-Chung Ting, 1936—),美籍华人,美国哥伦比亚大学教授,美国国家科学院院士。因发现很重的中性介子-J/Ψ粒子,获1976年诺贝尔物理学奖。

他带着100美元,漂洋过海,心中默念着"只要埋头苦干,我一定能够达到"的誓言,牢记着母亲"你要记住一点,不管你学哪一行,你一定要成为佼佼者"的教诲踏上异国求学的艰难历程,他凭借勤奋好学的精神,对知识的浓厚兴趣和强烈的事业心,终于发现了一种新型的重粒子——J粒子,并于1976年获得诺贝尔物理学奖。他就是著名的美籍华裔物理学家丁肇中。

求知惜时的少年时代

1936年，一个男孩在美国密执安州安亚柏市一所医院里诞生了。他就是获得诺贝尔奖的第三位华裔科学家丁肇中。因为父亲在国内河南的焦作工学院任教授，所以在他出生后第三个月，母亲便带着他回到了祖国。“七七事变”之后，日本军国主义者把大量的炮弹倾泻在了中国的土地上，中国人民遭遇到了空前的灾难和不幸。丁肇中一家也被这股灾难逆流冲得东奔西逃，他们先后到

丁肇中1岁时与祖母合影

4岁的丁肇中与父母弟妹们在重庆

过南京、合肥。在他几乎走遍了半个中国之后，1939 年才在西南的山城重庆定居了下来。虽然双亲都在大学任教，家庭中充满着浓郁的学术气氛，但在日寇狂轰滥炸的情况下，丁肇中只能时断时续地读着小学，没能受到系统的启蒙教育。1945 年，抗日战争结束了，一家人才回到了南京。后来，他又先后在天津、青岛等地短暂定居，最后到了台湾。直到这时，丁肇中才结束了动荡的生活，进入比较安定的学习环境。

中学时代的丁肇中求知欲望很强烈，读书很投入，还非常珍惜时间。他总是把一天的活动安排得有条不紊。即使晚上，也要和几个志趣相投的同学一起去附近的师范大学图书馆看书。那里有很好的学习氛围，他们常常到图书馆关门时才回家。这样日复一日，丁肇中的知识和智慧随着年龄的增长在不断增加，在班级中首屈一指。每当同学对某个问题有意见分歧时，他们总是找丁肇中来仲裁，而他总是摇摆着大脑袋，把问题解释得一清二楚。同学们对此无不感到敬佩："丁大头的大头里可盛着不少才华和智慧啊。"他的秘诀究竟是什么呢？丁肇中对此的回答是："充分利用时间，人最浪费不起的就是时间。"

高中毕业后，丁肇中因成绩突出而被保送到了台南的成功大学学习机械工程。然而，丁肇中却十分热衷于物理学研究。就在丁肇中做出要改学物理学的决定后不久，一个出乎意料的机会来到了。父亲的好友、美国密执安大学工学院院长布朗教授来台访问,见到了丁肇中。在交谈中,丁肇中给布朗教授留下了非常好的印象,当布朗教授得知丁肇中准备改学物理学时,主动提出:“孩子,你可以去美国进修,我负责你的全部食宿费和学费。”丁肇中很感激布朗教授的帮助,但是,他希望得到的只是继续深造的机会,他准备自食其力,他不想依靠他人的帮助。

事半功倍的大学之旅

1956年8月,丁肇中带着100美元漂洋过海来到美国,踏进了密执安大学工学院的大门。初到美国时,经济的拮据使丁肇中深感头痛。要解除学习和生活上的后顾之忧,他需要有一定的经济来源。丁肇中决心在短期内实现两个目标:第一,在学习上取得优异成绩,拿到奖学金,以此来维持学习和生活上的费用;第二,尽快获得美国的学位。只有这样才能真正在异国他乡站住脚跟。经过半年的刻苦努力,丁肇中终于拿到了一笔奖学金,这笔钱足够维持他生活上的需要,他的第一个目标实现了,但第二个目标要实现起来却没有那么容易。

按照美国的教育制度,需要经过4年的学习,修完大学的课程才能毕业。“最浪费不起的就是时间,能不能缩短大学的学习时间?”丁肇中在思考着。他决心奋斗三年取得学位尽早毕业。为了实现这一目标,丁肇中全力以赴地努力着。如果说他与其他赴美的各国学生相比有哪些不同的话，那就是他比别人更加勤奋，更加有效地利用时间。他打破了课本的局限去理解物理现象，他认为，“考试都会答，题目都会做，并不一定是好学生，学物理不能只是念死书”。他还认为，“作为一名科学家，最重要的品质是要能够不断探索教科书之外的事物”。因此，在大学的三年中他经常就一些学术问题与同学、老师展开辩论，他的问题常常弄得老师束手无策，无言以对。因此，这一段时间里，他因被老师们称为“难以对付的学生”而闻名全校。丁肇中因为他的好学促使了他的好问，好问又促进了他的好学，这两者相辅相成，使他在短时间内学识大进，在三年里如期地读完了四年的全部课程，并以优异成绩获得了密执安大学数学和物理两个学科的学士学位。接着，他又用了两年的时间获得了别人要花五年才能获得的物理学博士学位。

执着自信的独特品格

1966 年 3 月，哈佛大学有人做了一个实验，宣称首次观察到与量子电动力学预言相违背的实验现象。这个实验，后来又被康奈尔大学的一个实验再次证实。丁肇中不同意这些人的看法，他准备重新设计实验以证明量子电动力学的正确性。为了对自己的实验方案进行充分地论证，他拿着自己的研究计划去请教哥伦比亚大学首席实验物理学家莱德曼教授。对于丁肇中的这一举动，莱德曼感到万分惊奇,他知道丁肇中从没接触过这一专业,更不曾用过电子仪器,因此提醒他:“你可知道,在这个领域中的研究人员都拥有庞大的实验组,并有雄厚的物质基础,他们都是多年的专家,并有多年的实验经验……。”“但是,他们还缺乏毅力!”丁肇中回答。他表示将在两年内把这个问题弄清。莱德曼教授不信服的摇头道:“好,好,两年就两年。成功时,我用20万美金为你祝贺。”莱德曼教授的疑虑并没有使丁肇中退缩,在争取到了西德汉堡的同步加速器研究所的支持之后,他仅奋斗了八个月,就圆满地完成了这个实验,以无可辩驳的事实揭示出了量子电动力学的正确性。当莱德曼教授得到这个消息后,既感到万分惊讶,同时又兴奋异常,把这个消息又告诉了他周围的科学家,人们开始关注这次成功,关注这位青年物理学家。丁肇中对未来充满了信心,他在给父亲的信中写道:“爸爸,未来的十年内我将有希望获得诺贝尔奖。”

1974年4月,在美国东部的国立布鲁克海文实验室,丁肇中开始寻找一种新的粒子。这一工作异常艰难,丁肇中曾经这样比喻这一实验的艰巨性和复杂性:“在雨季,一个象波士顿这样的城市,一分钟之内也许要降落下千千万万粒雨滴,我们必须找到的是有着不同的颜色的那一滴。”经过4个月的紧张工作,奇迹出现了,他发现了一个比质子重3倍的粒子,他把它命名为“J”粒子。“J”与丁的字形相似,他要以此纪念自己的发现。当这一伟大发现的消息传出后，世界科学界为之轰动，各国报刊竞相以头版头条刊登这一新闻。美国数十名著名核物理学家马上宣布：要放弃自己原来的研究项目，转而来“攻”这种奇异的新粒子。全世界物理学家一致认为，这种粒子是物理学近20年来最重要的发现。因为丁肇中对这一粒子的发现以及对它的解释，大大促进了微观粒子研究工作的进展。因此他成了当代最著名的物理学家之一。1976年12月10日，距他开始对自己期许的时间10年未到，丁肇中就走上了诺贝尔奖的领奖台。在颁奖仪式上，丁肇中打破了惯例，用汉语致辞，他要让中华之声响彻诺贝尔奖的授奖大厅，以此表达他对祖国的挚爱，表达自己作为中华民族后代的自豪感。

讲台上的丁肇中

1988年，邓小平接见吴健雄、杨振宁（左三）、丁肇中（左四）、与袁家骝（右）

在总结自己的成功经验时，丁肇中认为，归纳起来是三个字，一是勤，二是智，三是趣。勤奋刻苦、意志坚定是丁肇中获得成功的第一个秘诀。在中学时代，他就是一个以学习勤奋刻苦而出名的学生，读大学后，无论是在台湾成功大学，还是在美国密执安大学，他勤奋刻苦的特点更为突出了。独立思考、以智取胜是丁肇中获得成功的第二个秘诀。他懂得学习不仅要勤奋，更要有正确的学习方法。他认为正确的学习方法就是不读死书，对自己读过的每一本书，都要独立思考，了解作者哪些是说得对的，哪些是说得不对的，哪些是作者自己也弄不清楚的。他常说："我认为，比考试更为重要的是，我们应该对某一课程有比较深刻的了解，不是死背，而是独立思考。从事物理、数学、化学、生物等领域的研究，需要认真想想每一个自然现象发生的原因，设法解释各种现象之间的内在联系，这样，我们才能不但掌握已知的科学成果，而且可能发现新的问题。"有了独立思考，学习知识才能更为灵活，进步才能更快，才能收到事半功倍的效果。兴趣、事业心是丁肇中获得成功的另一个秘诀，兴趣能够激励他深入探索真理，而事业心则是他持之以恒的研究动力。丁肇中对科学的探索，有时达到了着迷的程度。他曾说过："最重要的是要看对于自己从事的工作有没有兴趣，换句话说，也就是有没有事业心，这不能有丝毫的强迫。许多人从事科学研究的时间并不长，而接连出成果，我认为很重要的原因就是他们有事业心。"

勤奋刻苦的学习态度，灵活的学习方法，对知识浓厚的兴趣和强烈的事业心是保证丁肇中克服困难的重要条件，而这些条件也是他在科学研究中获得巨大成就的关键因素。

让爱做生命的基调

——1977年诺贝尔物理学奖获得者诺维尔·弗朗西斯·莫特

诺维尔·弗朗西斯·莫特（Nevill Francis Mott，1905—1996），英国物理学家。由于研究非晶态电子理论取得突出成就，获得1977年诺贝尔物理学奖。

科学家与常人有什么不同吗？他们是不是真得像有些人理解的那样，行为刻板、不苟言笑呢？其实，科学家也同常人一样，有着丰富的感情和鲜明的个性，对生活充满了热情，对世界充满了热爱。诺维尔·弗朗西斯·莫特就是一位情感丰富、热爱生活的人。

对他人的关爱是他人生的起点

莫特的父母都是物理学家。按照常理，莫特应该很

早就得到父母的科学启蒙，但有趣的是，莫特最早受到的教育不是科学教育，而是爱的教育。

20 世纪初的英国，妇女的社会地位还比较低下。结了婚的女子就必须放弃工作，老老实实的呆在家里相夫教子。莫特的母亲是英国历史上第 11 位拥有最高数学学位的女士，尽管才华出众，但是迫于风俗，结婚后她还是放弃了自己钟爱的科学事业，做了一名家庭主妇。莫特的母亲抑制不住自己要为社会奉献的强烈愿望，积极投身于社会的公益事业，热心组织并参加各种慈善活动，毫无怨言地为孤儿院、济贫院义务工作，把爱心无私地奉献给"受苦受难的人"。

母亲的行为在莫特幼小的心灵中播洒下了爱的种子，他从小就充满爱心。从以下两件他对妹妹关心体贴的故事中，可略见一斑：

一次，比莫特小两岁的妹妹琼·菲奇接种了"牛痘"，接种后强烈的疼痛反应使菲奇大哭不止。莫特心痛极了，他无心玩耍，不停地在妹妹身边转来转去，像个小大人似的悉心守护和照料妹妹，直到妹妹的疼痛停止。看到妹妹有说有笑了，莫特才长长地舒了一口气，脸上露出欣慰的笑容。

另一件事发生在莫特 6 岁时，妈妈开始教他与 4 岁的妹妹学习文化知识，时间是每天一小时。这对于莫特来说倒不是件难事，因为他觉得妈妈所教的知识是那么新奇和有趣。可对于 4 岁的妹妹来说就不那么容易了，小孩子爱玩的天性使妹妹坚持不了多久就哭着闹着要出去玩,连妈妈对她也束手无策。莫特很替妈妈着急,他对妈妈说:“让我和琼单独呆一会儿吧!”奇迹发生了,莫特充满爱心的关怀与抚慰,竟使妹妹安静了下来,继续投入到学习中去。

对科学的热爱使他登上了事业的顶峰

莫特对大自然充满了好奇,他总是用审视的眼光探索着大自然的奥秘。很小的时候,他和妹妹就经常在保姆的带领下到大自然中去玩耍。在野外漫游的过程中,那些在别人看来司空见惯的景象触动了莫特的好奇心。在莫特眼里,这个世界是那么亲切,又是那么玄奥,大自然就像一位神奇的魔术师,变幻着种种令人着迷的色彩。他总是睁大眼睛细细观察,然后就是一连串的发问:“妈妈,如果世界没有终点的话,上帝是怎么创造世界的?”“爸爸,既然水是液体,那么糖浆是否是流动得比较慢的液体呢?”一系列的问题常常使父母措手不及,他们不得不随时做好准备来认真应付这个爱提问题的儿子。就是在这样不断地观察和思考中,莫特的科学意识开始萌芽、生根、生长。

莫特很喜欢绘画,但他所画的不是现实世界已经有的东西,而是凭着自己的想象力杜撰的东西,那些千奇百怪的机器设计图,几乎是谁也造不出来的。在图画的世

界里，他尽情地驰骋着自己的想像力、创造力和表现力。幸运的是，莫特所做的这一切，都得到了父母 的宽容、鼓励与及时的指导。

更为幸运的是，莫特在学校中，遇到了极富才华的数学老师 H·C·毕文先生。毕文先生与其他教师最大的不同在于：他不仅教给学生数学的定理和计算方法，而且更重视培养学生对数学的兴趣和好奇心。大自然和生活中无处不在的数学，通过他的讲解变得更加美不胜收。这使得莫特不但深深喜欢上了数学，而且对所有的学习都充满了激情，他把学习当作一件充满乐趣的事情在做。

后来，莫特进入了英国一流的高等学府——剑桥大学的圣约翰学院学习。这里自由、宽松、民主的学术氛围让他如鱼得水。莫特学习的是数学专业，但他发现自己对物理更感兴趣。因此，他以超出常人几倍的努力，用两年的时间学习完了三年的数学课程，腾出时间来学习物理课程。在攻读物理学期间，他曾到卡文迪什实验室向物理专家求教，希望从他们那里得到有关物理研究的指点，但他得到的实质性的帮助并不多。没有导师，没有研究方向，对一个青年学者来说，此时真有点穷途末路的意味。但莫特毫不气馁，索性自己寻找课题从事研究。依靠坚韧不拔的毅力和刻苦求索的精神，在 22 岁时，他发表了第一篇科学论文，并于第二年获得物理硕士学位，25 岁时，他出版了第一本物理学专著《波动力学大纲》。

莫特工作过的卡文迪什实验室新楼

莫特和同事们在一起

就这样，怀着对科学的无比热爱之情，莫特投入到了物理科学研究当中，享受着探索带来的巨大乐趣。莫特的研究不拘泥于某个研究领域，他的研究范围非常广泛，涉及到波动力学，核物理，金属性质，离子晶体，半导体，超导体等诸多领域，他发现的金属和非金属的电学性质在一定条件下可以互相转变的规律，推翻了把金属与非金属看作在电学性质方面是截然不同的物质的错误观点，这一规律被人们称为"莫特转变"。这一发现极大丰富了固体物理理论，其价值足以使莫特获得诺贝尔奖。但由于种种原因，他并没有因此而获奖。莫特对此并不在意，因为让他在研究道路上勇往直前的是对科学的兴趣与热爱。

淡泊名利，矢志不渝地追求科学真理，是众多诺贝尔奖获得者的一个共同特点。这种不是为了得奖而从事研究的工作态度，与总是把荣誉定为自己的终极目标的急功近利的心态截然不同。

无私之爱使他实现了人生和事业的辉煌

在莫特的一生中，始终把一颗高尚的爱心，无私地奉献给了科学事业和周围所有的人。这里有两件事不能不提。

第一件事是莫特对从纳粹魔掌下逃脱的捷克小姐妹莉莉和伊丽莎白的无私关爱。第二次世界大战前夕，纳粹德国侵占了捷克斯洛伐克，并加紧了对犹太人的残酷迫害。在这种情况下，出身犹太家庭的年幼的莉莉和伊莉莎白不得不被父母送到英国寄养，躲避这场灾难。在英国，小姐妹得到了莫特夫妇无微不至的关怀和照料。莫特把姐妹俩送进学校，让她们接受良好的教育；闲暇时，他经常和妻子用单簧管和大提琴与小姐妹一起演奏莫扎特的奏鸣曲，以培养姐妹俩的音乐特长。为了医治战争给莉莉和伊莉莎白造成的心灵创伤，莫特夫妇还经常开着心爱的“老爷车”带他们郊游和爬山。每次爬山时，莫特都会为小姐妹俩精心准备好各种用品。遇到崎岖陡峭的山路，莫特就背起年幼的伊莉莎白，并与妻子一起小心呵护着莉莉一同攀登。

莉莉所画的全家登山图，图中莫特背的人就是伊丽莎白

另一件事是在1954－1971年莫特主持世界著名的卡文迪什实验室期间。对于同事和朋友，他总是关怀备至，不仅在生活上给予无私的帮助，而且在事业上也提供了大量的支持。在莫特的领导下，卡文迪什实验室诞生了5名诺贝尔奖获得者。1971年之后的诺贝尔奖得主约瑟夫森等人也是在莫特主持实验室工作期间完成了他们的获奖成果。而莫特自己获奖却是在他众多的下属获奖之后，这充分显示了莫特本人的人格魅力和道德风范。

与狭隘的个人主义情感不同，莫特的爱是博大的。他的爱是对整个人类的热爱，是对所有生命的关爱，甚至于德国的飞机被英国的炮火击落，别人都在欢呼，莫特想到的却是飞机中的人，他希望德国飞行员能侥幸逃生而不是葬身火海。

莫特领取诺贝尔奖

从莫特身上，我们可以看到，一个伟大的科学家，首先应该是一个伟大的人。他要有宽广的胸怀和博大的爱心，从事科学探索的目的是为人类造福。由此看来，在追求成功的道路上，铸造一个无私高尚的灵魂比得到知识更有意义。

幸运来自对机会的把握

——1978年诺贝尔物理学奖获得者阿诺·奥兰·彭齐亚斯

如果可以的话，我愿意提醒学生们注意，科学家需要问适当的问题。

——阿诺·奥兰·彭齐亚斯

阿诺·奥兰·彭齐亚斯(Arno Allan Penzias, 1933—)，美国贝尔实验室物理学家，射电天文学家。因发现证明宇宙起源和宇宙大爆炸的微波背景辐射，获得1978年诺贝尔物理学奖。

1978年，阿诺·奥兰·彭齐亚斯获得了诺贝尔物理学奖，与他一同获奖的还有他的同事威尔逊及前苏联物理学家卡皮查。这次获奖给彭齐亚斯充满传奇色彩的人生又加上了浓重的一笔，使人们不得不感叹命运之神对他的格外眷顾。因此，他被熟悉他的人称之为“一个不平常的幸运的家伙”。下面就让我们一起来追踪彭齐亚斯的“幸运”人生。

儿时的独立宣言

彭齐亚斯生于德国慕尼黑的一个犹太中产阶级家庭，父亲是一个工厂主，在彭齐亚斯出生的时候，已经积累了一笔可观的家产。然而，父亲的财产并没有带给他幸福和安定的童年。彭齐亚斯出生于 1933 年 4 月 26 日，在他出生后不久，希特勒就当上了德国政府的总理，开始了军国主义扩张和对犹太人的迫害。

在彭齐亚斯 5 岁的时候，他们一家被赶出了家门，放逐到了波兰。“少年不识愁滋味”，年幼的彭齐亚斯并没有意识到环境的险恶。长途的火车旅行，反倒使他感到十分新奇和有趣，他不停地在三层床铺之间爬上爬下，与弟弟一起充分享受着童年的快乐。但彭齐亚斯一家没有能够留在波兰，当他们到达波兰时，波兰政府已经停止了接受德国的犹太移民。这样，在经过了几天居无定所的颠沛流离之后，他们又回到了慕尼黑。这次旅行没有达到目的，是彭齐亚斯人生的第一次幸运，他由此与死神擦肩而过。早期到达并留在了波兰的犹太人由于没有得到很好地安置，很多人都冻死在雪地里。一年之后，德国又侵占了波兰，那些没有冻死的犹太人大多数也被德军屠杀或被送进了死亡集中营。

但慕尼黑终究不是久恋之乡，随着第二次世界大战的临近，德国纳粹对犹太人的迫害也愈演愈烈，他们一家在德国随时都可能遇到难以预料的厄运。正当彷徨无计之际，幸运再一次降临。在国际人道主义组织的敦促下，英国政府同意接收1万名犹太儿童避难。经过父亲的极力争取，彭齐亚斯和弟弟幸运地成了这1万名儿童中的一员。在彭齐亚斯过完6岁生日之后不久，父母把他和弟弟送上了一列开往大西洋海岸的火车，从那里，他们要乘船到达英国。临别前，父母殷切地嘱咐他要学会坚强并照顾好弟弟。残酷的现实使彭齐亚斯一下子长大了，他明白自己的处境和身上的责任，在火车开动的时候，他对弟弟说："我们现在必须要独立了。"这是小彭齐亚斯的独立宣言，在同龄人还需要父母庇护的时候，险恶的环境已经使他懂得了自立。

好在他的父母后来也先后来到了英国。父亲是偷渡过去的，他几乎和他们同时到达英国，但父亲没有能够与孩子们团聚，他因为非法偷渡被拘留了。母亲的经历则更为惊险，她在战争爆发前的几周才拿到了出境许可证，是最后一批从德国逃到英国的犹太人。在她到达英国两个星期后，第二次世界大战就爆发了，英国和德国成了敌对国。一家人虽然在英国得以团聚，但英国也不能久留。第二次世界大战全面爆发之前，英国的张伯伦政府害怕德国动武，对纳粹德国一直采取"绥靖"政策，因此不愿意为犹太人的利益而得罪德国，英国的接收只是为犹太人

提供一个临时的避难所，作为他们移民到其他国家之前的中转站。彭齐亚斯的父亲是个做事有计划、有远见的人，早在慕尼黑时他就订好了去美国的船票。1939 年 12 月，彭齐亚斯一家人用提前预定的船票，带着对新生活的向往，登上了去往美国的客轮。

次年的 1 月，彭齐亚斯全家抵达了纽约。虽然生活问题还没有着落，但父母马上把彭齐亚斯和弟弟送进了学校，而他们自己则开始找工作。几经颠沛，他们的家产早已散失一空，摆在他们面前的第一件事就是如何解决生活问题。好在不久父亲就在一家公寓找到了一份勤杂工的工作，他们一家也得以住进了一间免费的地下室。母亲则在家中给人洗衣服补贴家用。这样，他们一家终于获得了安全和安定，但父亲却从一名企业家变成了公寓的勤杂工，母亲也从阔太太变成了洗衣妇。虽然生活的落差如此巨大，但父母却始终保持着不向命运屈服，乐观向上的生活态度。

智慧比财富更重要

如果说彭齐亚斯一家能够摆脱几乎是难以改变的厄运是靠运气的话，不如说是他的父母通过自身的努力才把命运掌握在了自己的手中。父母的这种积极主动的生活态度给了彭齐亚斯很大的影响，使他从小就树立了通过自己的努力把握命运的生活信念。在今后的生活中他始终坚信通过个人奋斗一定可以争取到光明的前途。他说:“即使是在信心偶尔动摇的时候,我也从未怀疑过这一点。”

另外,这段经历使彭齐亚斯对学习的重要性也有了更深刻的认识。犹太民族中流传着这样一则寓言:母亲问孩子:“假如有一天,家里的房子将被烧毁,财产将被抢光,你带着什么东西逃命呢?”孩子回答说带上钱和钻石。母亲接着问:“难道没有比钱和钻石更珍贵的东西吗?”孩子陷入思索中,母亲启发道:“有一种没有颜色,没有气味,没有形状的宝物,它比钱和钻石要宝贵得多,你知道那是什么吗?”孩子还是答不上来。母亲告诉孩子:“那是智慧和知识,因为有了智慧和知识就可以得到金钱和钻石,并且那是任何人都抢不走的,只要你活着,智慧和知识就会永远跟着你。”

彭齐亚斯的童年经历与这个故事所给予他的教育可谓是异曲同工,只不过彭齐亚斯所接受的不是言传,而是身教。犹太民族这种教育孩子的方式,是一个非常优秀的传统,他教给孩子的不仅是追求知识和智慧的意识和面对困难、挫折时的进取精神,而且也是一种人生的态度。正是这种教育和人生的态度,造就出了像爱因斯坦、马克思、弗洛伊德这样众多的科学家和思想家。

坎坷的生活经历使彭齐亚斯格外珍惜学习的机会,知识和智慧成了他一生都在追求的目标,靠着这种不懈的追求,在整个学习过程中他的成绩一直都非常优秀。

中学毕业时,按照成绩他本可以上一所名牌大学,但贫寒的家境使他不得不选择了学费较为低廉的纽约市立学院。纽约市立学院是一所面向平民的公立大学,当时就有100多年的历史,有着不错的学习环境和学术氛围,也有过不少毕业生取得了事业的成功,步入了上流社会。在这里上学的学生有不少是收入不高的移民的后代,其中不乏优秀的人才,他们中的许多人都把纽约市立学院看成是改变自己命运的一个阶梯。彭齐亚斯也不例外,他上大学的目的就是为了将来能够从事科学研究。当时化学是他了解得比较多的惟一的学科,但在大学一年级时,他发现物理更适合于自己,于是又把专业从主攻化学工程改成了主攻物理学。

从鸽子粪中找到了金子

大学毕业之后,彭齐亚斯在美国通信部队服役两年,退伍后正赶上哥伦比亚大学要招聘一名研究助理。依靠在军队从事电子技术工作的经历和经验,彭齐亚斯击败了众多的竞争者获得了这一职位,在拉比、库什和汤斯的指导下研究微波物理学。能够在这些世界一流的科学家的指导下工作和学习是非常幸运的事情,它使彭齐亚斯得以近距离地了解这些优秀人物的思维方式和研究方法,为他以后的研究奠定了坚实的基础。1961年,在完成了博士论文之后,他又在贝尔实验室找到了一份临时工作，贝尔实验室是彭齐亚斯在做论文期间就认定的理想的工作场所，那里有先进而独特的仪器设备，除此之外，还有着自由、民主的学术气氛，这些都是从事科学研究最适宜的条件。在贝尔实验室工作期间，无线电研究室主任卢迪·康普费对他建议道："为什么不在这找一份永久的工作呢？你可以一直干下去。"彭齐亚斯采纳了他的建议，留在了贝尔实验室，并且一直度过了后来的近40年，直到1998年退休。彭齐亚斯工作勤奋努力，他的努力也获得了丰厚的回报。他后来成为贝尔实验室的副总裁，掌管实验室所有的研究项目。多年在贝尔实验室工作的经历也使彭齐亚斯几乎与之融为一体，他为自己是贝尔实验室中的一员而感到无比自豪。他在自传中这样写道："这里的每个人都拥有比他们想象的更多的自由，科学家可以在没有设定的框框下描述自然现象。做一个一流的科学家是一种非常特别的体验，你有足够长的时间做你想做的事，那么，你为什么不去做呢？"

但彭齐亚斯最喜欢做的事不是管理工作而是直接从事科学研究，他的主攻方向是物理学和射电天文学。1964年，彭齐亚斯与他的合作者威尔逊在新泽西州的克劳福特山上检测无线电接收天线时，偶然收到了来历不明的微弱噪声。他们正在检测的是一架喇叭型低噪音天线，并且指向的是没有明显天体的天空，按理不应该出现这种现象。刚开始，他们以为这是由于受到周围其他辐射源的干扰。但是他们转换了天线方向后，噪声依然存在。

彭齐亚斯与他的合作者威尔逊

他们又花费了将近一年的时间进行反复地检测核对，发现这种噪音似乎弥漫于整个天空之中，而且与季节无关。他们又怀疑是天线本身的故障，于是又对天线进行了检查。在检查中他们发现，天线的喇叭口内有一层白色的鸽子粪，那么，是不是鸽子搞的鬼呢？他们马上清除了鸽子粪重新检测，噪音依旧存在，这种可能性又被排除了。彭齐亚斯断定这不是设备本身的原因，敏锐的科学洞察力使他意识到：这一现象背后肯定有不寻常的原因，这个原因很有可能是来自宇宙空间。而这一谜底的揭开，也许会是宇宙研究的重大发现。通过后来

彭齐亚斯与威尔逊
在检查天线喇叭口

更加深入地研究,他们最终发现,噪声原来是宇宙中的微波背景辐射引起的,这一发现是“宇宙大爆炸学说”的重要证据。1978年,由于这一重大发现,彭齐亚斯和威尔逊共同登上了诺贝尔物理学的领奖台,对他们的这一发现,他们的同事这样调侃道:“他们寻找鸽子粪,却找到了金子,这与我们绝大多数人的经历正好相反。”

彭齐亚斯的经历告诉我们,从事科学研究,除了要付出辛勤的汗水外,还需要有敏锐的洞察力和科学的方法,善于从偶然中发现必然,不放过稍纵即逝的现象,不被假象所迷惑,才能捕捉到本质性的东西。从某种意义上讲,幸运其实是一种对机会的把握能力,而机会总是喜欢光顾有准备的头脑。

兴趣是最好的老师

——1980 年诺贝尔物理学奖获得者瓦尔·洛格斯顿·菲齐

瓦尔·洛格斯顿·菲奇(Val Logsdon Fitch, 1923—),美国科学家,因发现中性 K 介子衰变中的宇称(CP)不守恒,获 1980 年诺贝尔物理学奖。

兴趣是最好的老师。诺贝尔物理学奖获得者瓦尔·洛格斯顿·菲齐的经历就是最好的证明。

与大自然亲密接触

菲齐生长在美国内布拉斯加州北部的梅里曼城,那里经常刮风,地理环境非常不适于庄稼生长。但这里却生长着茂密的青草,是放牧牛、羊、马等牲畜的理想牧场。菲齐的父亲是一个牧场主,童年的菲齐,马技娴熟,动作潇洒。当小菲齐长到刚能够到马蹬时,他就开始帮大人们做农活了，比如割草、修理围栏、给牲畜烙印、给机械加油等。作为牧场主的儿子，小小年纪他就已经能骑马、放牧、套马，俨然是一个西部电影中的小马仔。他喜欢坐在马背上纵鞭驰骋的感觉，喜欢那风光无限的大自然，喜欢辽阔空旷的视野中青绿的色彩。在我们看来，一个10来岁的男孩就可以骑在马上潇洒地驱赶着马群，这应该是一件十分惬意的事情，可是菲齐说："有些人以为牧场的生活像西部电影中描写的那样浪漫，其实，那只是错觉，放牧是一件非常艰苦的事情。"除放牧之外，他每天要翻山越岭到很远的乡村小学去上学。虽然路途遥远，但是小菲齐不在乎。在他的心目中，自然界的一切都是那样新奇和美好，蓝蓝的天空，清清的河水，绿绿的原野，叽叽喳喳的小鸟，弯弯曲曲的山路，都是他观察不够和喜爱不尽的。在上学和放学的途中，他尽情地领略这一切，对大自然的热爱使他每天的上学之路都成为了愉快之旅。正是与大自然的亲密接触，使得他对周围的一切充满了浓厚的好奇心，并由此产生了探索大自然奥秘的强烈欲望。

参加科技活动的经历

菲齐10岁那年，有两件事对他科学思想的形成产生了巨大的影响。

一件事是菲齐参加了一次在美国芝加哥科学博物馆举办的万国博览会。菲齐是在父母的带领下，乘车1000

多公里去的。在这次博览会上，他被科学博物馆里的各种展品迷住了，特别是电视实况转播的演示，让他大开眼界。他一边瞪大眼睛仔细观察着，一边向讲解人员询问各种让他感到奇怪而有意思的事情。他想了解电视的原理和构造，他想知道自己是怎样钻进那个神奇的电视里去的，他还想知道许多许多自己搞不清楚的东西……在场的工作人员被打动了，他们给予了这个可爱的充满好奇心的小男孩以格外的关照，他们为他拍摄，在电视屏幕上连续播放他的特写镜头。看着电视上的自己，小菲齐高兴得又蹦又跳，久久不愿离开，他对科学的向往之情油然而生。

另一件事也发生在1934年。那年的夏天是太阳黑子活动的高峰期，美国许多天文爱好者都自发地组织起来进行业余观测，以了解北极的极光在此情况下会发生什么变化。这时小菲齐已经由于科学兴趣浓厚，爱看书，爱提问，善于动脑，动手能力强而成为了当地爱好科学的孩子们的“领袖人物”。在这次活动中，他担任了一家科学杂志组织的内布拉斯加州地区观测点的负责人。他每天都要带领小伙伴们来到一所大学楼顶的观测平台，拿着望远镜观测北方的夜空。极光并不是天天都能出现的，他们耐心地等待，认真地观测着。遇到极光现象明显时，他们就用照相机将绚丽的极光拍摄下来。一个夏天过去了，他们的收获颇丰。在对极光的观测过程中，菲齐更深刻地领略了大自然的无穷奥妙和鬼斧神工，它引导着菲齐去做更多的了解、更多的发现。

科学理想的萌发

天有不测风云，在小菲齐升到小学高年级的时候，父亲骑马不幸摔伤致残。于是他们举家迁往镇上，父亲一边开始从事保险业，一边继续经营着牧场。

中学时代的菲齐

生活环境改变了，小菲齐的兴趣也逐渐发生了转移。一次偶然的机会，他收集到了几台旧收音机，在好奇心的驱使下，他开始重新组装。当一台只能吱吱啦啦发出杂音的收音机，经过他的修理和组装，又能听到清晰悦耳的广播时，他初次享受到了创造的乐趣，并因此萌发了更强烈的创造欲望。他把地下室当成了自己的车间和实验室，开始有意识地接触和学习科学技术。在学习和动手操作的过程中，他产生了数也数不清的疑问。这时，知识有限的父母已无法圆满解答孩子的疑问了，但他们为孩子指引了一条正确的道路。他们告诉菲齐："孩子，书是知识的海洋，各种各样的问题都可以在书中寻找到答案。"于是，菲齐成了小镇上惟一一座规模不大的图书馆的常客。图书馆内关于科学知识介绍和人物传记的书刊，他全都喜欢，但他尤其钟爱《阿拉伯的劳伦斯》和《居里夫人传》这两本书。劳伦斯的冒险精神和居里夫人为科学事业献身的精神，让他激动不已。

在书籍的引导下，他幼小的心灵逐渐萌发了科学的种子，一个伟大的理想在他幼小的心灵中开始生根发芽。

抓住与科学为伍的机会

在以优异的成绩中学毕业后，对科学的强烈爱好和向往，驱使菲齐报考了大学的物理学专业，在大学的学习和工作中，他日益显示出深厚的根基及创新性研究的能力，菲齐开始崭露头角了。

可是，战争迫使他不得不中断大学的学习生活。1941年12月7日，日本海军偷袭珍珠港美国太平洋舰队，太平洋战争爆发了。菲齐中断学业应征入伍。在战争期间，菲齐又以自己对科学的坚韧和执著，抓住了与科学为伍的难得的机会。当时美国军方代号为“曼哈顿计划”的原子弹研制工作进入了关键时期，研究机构急需大量人手，决定要从军队里抽调一批具有一定物理学、化学基础的官兵。面对这难得的机遇，菲齐力荐自己。他的执着与知识基础打动了选拔者，他被录用了，来到了美国国防部的洛斯阿拉莫斯国家实验室，参加物理学小组，从事原子弹起爆装置的研制工作。这期间，他幸运地与费米、玻尔、查德威克、拉比等一批荣获过诺贝尔奖的世界一流物理学家共同工作，并建立了亲密的友谊。菲齐在工作中显示出的才华，以及对科学工作的执著与坚韧，使得众位科学家对他非常地器重，他们认为他是一个可堪造就、很有潜力的物理学人才，这为他日后的学习和研究铺平了道路。战争是残酷的，但残酷的战争环境中一样也有机会，把握机会，展示自己，使年轻的菲齐终身受益。

学习是菲齐永远的渴望，战争刚一结束，菲齐就回到大学继续完成学业。随后，他又到了哥伦比亚大学，在诺贝尔物理学奖获得者、著名科学家拉比的指导下，攻读博士学位。由此正式走上了物理学研究的道路，并成为举世敬仰的著名的物理学家。

菲齐的成功，源自于它对科学的兴趣，而兴趣是需要从小培养的。如果没有小时候亲近自然的经历，没有两次科技活动的培养，没有好书的引导，菲齐也不可能对科学产生浓厚的兴趣，因而也不可能取得巨大的成就。青年朋友们，你是怎样培养自己对科学的兴趣的？你会成为下一个菲齐吗？

尽最大努力实现人生的目标

——1981年诺贝尔物理学奖获得者尼古拉斯·布洛姆伯根

要为自己定一个目标，并且要坚持尽最大的努力去实现它。

——尼古拉斯·布洛姆伯根

尼古拉斯·布洛姆伯根(Nicolaas Bloembergen, 1920—)，荷兰裔美国物理学家。由于为非线性光谱学的发展奠定了理论基础，为激光光谱学和高分辨电子光谱学作出了重要贡献，获1981年诺贝尔物理学奖。

1938年春天，在荷兰一所著名学校建校464周年的庆祝典礼上，一位18岁的少年穿着崭新的燕尾服，神采飞扬地走上主席台，代表毕业班全体学员致告别辞。43年后，一位精神矍铄的科学家登上了诺贝尔物理学奖的领奖台，他穿的还是中学毕业时的那件礼服，脸上流露出孩子般天真的微笑——他就是在激光光谱学方面取得突出成就的美国物理学家尼古拉斯·布洛姆伯根。

兴趣引领他走进科学的殿堂

1920年3月11日，在荷兰的德雷赫特老城，布洛姆伯根呱呱坠地。

童年时代，布洛姆伯根受到了良好的家庭教育。身为工程师的父亲和精通法语的母亲非常注重开发孩子的智力，注意培养孩子多方面的兴趣和爱好。假期里他们常带着孩子们出去旅行，为的是开阔孩子们的视野；平时又常带领孩子们一起参加体育活动，为的是锻炼孩子们的身体素质，培养孩子们的进取精神。在众多的体育项目当中，布洛姆伯根尤其爱好游泳、划船和打曲棍球，这些爱好使得布洛姆伯根受益终生。充沛的体力、旺盛的精力，使布洛姆伯根能够始终激情饱满地投身于科学事业。

1932年，年仅12岁的布洛姆伯根进入了乌特勒支市立大学预科学习。这是一所历史悠久、学术氛围浓厚、师资力量很强的拉丁语学校。学校里，几乎所有的教师都拥有博士学位。学校非常注重人文学科教育，同时用拉丁、希腊、法、英、德和荷兰语教学。源于母亲的影响，布洛姆伯根很擅长语言的学习，尤其喜欢拉丁文，加之学校强调人文的价值，布洛姆伯根曾一度认为他将来的职

业会是与语言有关的工作。但是在大学预科的最后三年,布洛姆伯根对物理、化学的兴趣越来越浓厚。变化莫测的化学反应,令他心弛神往,物理老师渊博的学识和高超的教学艺术,更让他如痴如醉,对科学的学习使他的思维空间得以无限扩展。布洛姆伯根在学习中发现,相对于化学来说,物理问题更加难以解决。但难度越大越是让他感到有挑战性和刺激性。他与一个朋友动手搭建起了自己的实验室,渐渐深入其中而乐此不疲。

好书帮助他锁定人生的目标

14 岁时,布洛姆伯根读了一本书,一本影响了他一辈子的书:《居里夫人传》。这本书是居里夫人的小女儿伊芙·居里写的。诺贝尔物理奖、化学奖双料得主居里夫人非凡的人生经历给了布洛姆伯根很多启迪,居里夫人伟大的人格魅力有力地拨动着布洛姆伯根的心弦。从此,布洛姆伯根心中萌生了一个美丽的梦想。

1938 年,布洛姆伯根被乌特勒支大学物理系录取。在大学读书期间,又是两本书激发了他对原子物理学和量子理论的浓厚兴趣,使他明确了自己的研究方向。一本是由德国物理学家、量子力学奠基人之一的 M·玻恩主编的《量子力学文集》,书中收集了量子力学创始者们写的 10 篇论文。这些论文的语言较为通俗,是专门给普通读者阅读的。另一本是爱因斯坦与因菲尔德合写的

《物理学的进化》。这本书中列举了诸如“一个人处在一部正下降的电梯里，他会不会感觉到地球的引力”等很多引人思考的例子，书中的问题激发了布洛姆伯根的灵感，他的思维如同插上了翅膀，开始在无垠的物理世界翱翔。

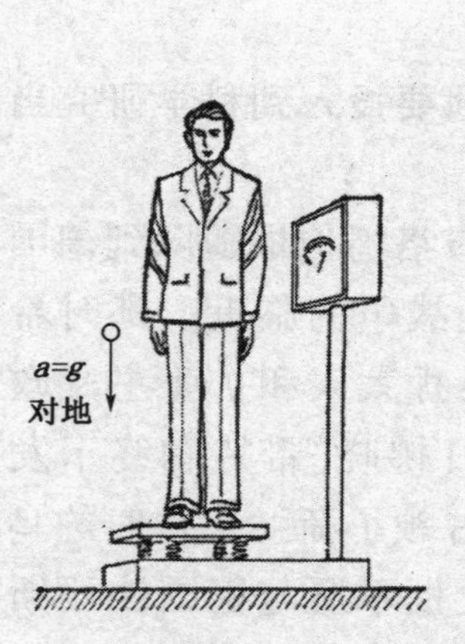

甲：正常情况（有重力）

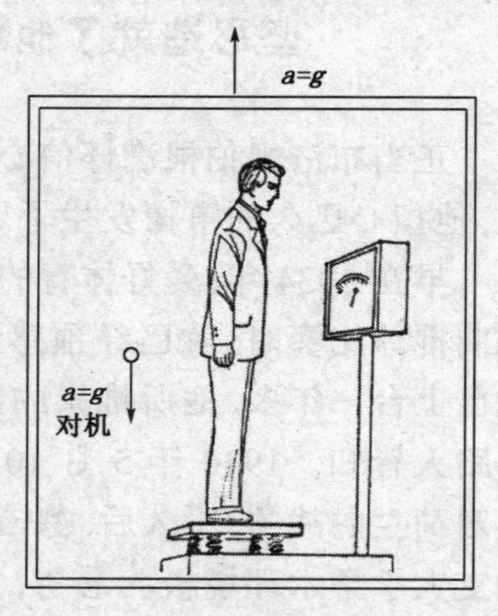

乙：假想情况（无重力）

爱因斯坦的理想升降机

此后不久，布洛姆伯根获得了一个很好的机遇。他的一位名叫鲁伊弗尔的同学由于曾在瑞士的一所大学里学过一年，因此校方允许他可以不做其他学生需要做的实验室日常杂务工作，直接给做博士学位课题的研究生当助手。因为与鲁伊弗尔同在一个实验室工作，布洛姆伯根也幸运地享受到了相同的待遇。这一天赐良机使布洛姆伯根在学业上进步飞快。1940 年，他和鲁伊弗尔合作在《物理学》杂志上发表了题为《关于钋粒子在固体物

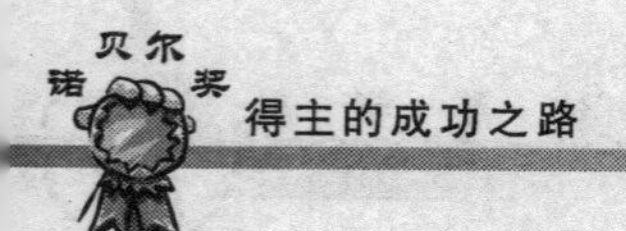

质中的散射作用》的论文。进入大学仅仅两年就能够在这样高质量的刊物上发表论文，布洛姆伯根开始令物理界的同行们刮目相看。

坚忍造就了他事业的辉煌

正当布洛姆伯根满怀信心地要投入到科学研究当中时，他担心已久的事情发生了。

早在1934年，爱好体育的布洛姆伯根随队到德国参加曲棍球比赛时，就已经预感到战争的临近。那时希特勒已上台一年多，他所推崇的反犹太人和扩张主义政策已路人皆知。1940年5月10日拂晓，希特勒终于发动了对荷兰的战争，不久后，德国占领了荷兰。这时的乌特勒支大学学术环境极为恶劣，大批不愿与德国法西斯同流合污的教授被赶出了学校。一直反对纳粹的布洛姆伯根也开始了他那艰辛而充满危险的自学之旅。

凭着锲而不舍的精神，布洛姆伯根独立学习完了大多数研究生课程，如应用数学、力学、电磁学。后来，纳粹分子开始加强对荷兰爱国者的镇压，要求学生们签署一个“忠诚声明”，声明不会做任何反对“第三帝国”的事情，拒绝签字就要受到流放到德国做劳工的处罚。许多与布洛姆伯根一样拒绝签字的同学先后失踪了。布洛姆伯根没有胆怯，也没有放弃，他要与时间赛跑，他要争取在学校关闭之前，通过最后两个单科：数学和量子力学——的考试。但是由于一个荷兰亲纳粹分子的告密,布洛姆伯根险些遭到警察逮捕。所幸有人及时通知了他,布洛姆伯根逃到了乡下的山里避难。

在人迹罕至的山里,布洛姆伯根的生活清苦难耐。他常常用山蘑菇根填腹充饥,常常凭借昏暗的油灯,潜心研学量子力学。由于点灯用的是劣质的矿物油残渣,灯芯很易碳化,他不得不频繁地剪灯芯和清理灯罩。但这种生活的磨难丝毫不能减退布洛姆伯根追求科学的热情,反而使他的意志越发坚韧。学习成为他丰盛的食粮,强大的精神支柱。

1934 年 4 月,在纳粹关闭学校的几周前,布洛姆伯根参加了数学考试。为了安全,考试被安排在外地一个秘密地点。他顺利地通过了数学考试。可是,他却没来得及参加量子力学考试。鉴于时局紧张的原因,校方准备让他免考。但当罗森菲尔德教授将此消息告之布洛姆伯根时,他却坚定地说:“以后我会参加考试的。我保证,我会的。”就这样他拿到了学士学位。在此后的两个月内,布洛姆伯根坚持自学完了量子力学,并找到罗森菲尔德教授,要求参加测试,他要用考试检验自己的学习效果。为了安全起见,罗森菲尔德教授邀请他到

布洛姆伯根讲学时的情景

自己家接受考试。这是一次特殊的考试，只讨论了一个问题。讨论中，布洛姆伯根的精辟分析让老教授深为赞赏。布洛姆伯根顺利通过了。

在许多人难以忍受的残酷环境中，布洛姆伯根不但没有停步不前，反而把这种挫折和困难当作对自己意志品质的磨砺。凭着一股永不服输的精神和超人的毅力，他做成了在别人看来是不可能的事情。从此，他的事业渐入佳境。

二战结束后，布洛姆伯根进入哈佛大学研究生院，协助著名物理学家珀塞尔研究核磁共振的测试仪器。60年代以后，布洛姆伯根的研究方向转向了激光物理学，利用光与物质非线性作用发展了非线性光学。

布洛姆伯根在哈佛大学实验室工作

和同事庆祝实验成功

布洛姆伯根之所以能够取得如此显著的成绩，有三个重要原因：一是布洛姆伯根始终对科学有着浓厚的兴趣，把“兴趣”当作自己最好的老师；二是他能够精心选择有益的书籍来阅读，这不但使他减少了时间和精力上的浪费，更使他在向理想迈进的过程中始终有清晰的方向和目标；三是他能够及时抓住机遇，摆脱现状的束缚，敢于在更高的起点上继续攀登。在 1975 年 9 月来我国进行学术交流时，布洛姆伯根曾对中国读者说过这样的一番话：“你们自己要定一个目标，并且要坚持尽你们的最大努力去实现它。记住：投入到科学之中是充满乐趣的，即使你不会赢得诺贝尔奖。”

决不重复已经做过的工作

——1981 年诺贝尔物理学奖获得者阿瑟·L·肖洛

我给自己订了这么一条戒律：决不重复自己已经做过的工作；也决不重复别人做过的工作。

——阿瑟·L·肖洛

阿瑟·L·肖洛(Arthur·Leonard·Schawlow, 1921—1999)，美国物理学家。因发明高分辨率激光光谱仪和发展激光光谱学的成就，荣获 1981 年诺贝尔物理学奖。

有这样一位科学家，上小学的时候他并不出众，甚至被人送了“湿纸团”的绰号。但是，他却通过自身的努力，最终成为了激光领域卓越的科学家，并因此获得诺贝尔物理奖。在他心里，已制造出什么并不重要，重要的是发展创新思维,不断开拓研究领域,让自己的知识天地更开阔。他,就是肖洛。

在实践中发现自己的特长

阿瑟·L·肖洛 1921 年 5 月 5 日出生在美国纽约弗农山,在他大约 3 岁时又举家迁往加拿大多伦多。迫于当时浓烈的反犹太氛围,肖洛的父亲一直隐瞒着自己的身份。肖洛直到长大成人后,才知道自己是犹太人的后代。

父母的为人处世之道给了肖洛深刻的影响。从记事起,肖洛心中就对父母充满钦佩。父亲是一位工作极为认真的人,当时在一家保险公司做推销员。靠着聪明的头脑与一颗真诚的心,父亲把自己的工作做得很出色。但父亲的理想并不是做一名优秀的推销员,而是成为一名科学家。因此,工作时间之外,父亲把主要精力都放在了读书上。而母亲则是一位能干的家庭主妇,她把家中各种各样事情处理得井井有条,家居摆设总给人一种赏心悦目的感觉。母亲的夙愿是当一名工程师。虽然父母的志向都没有能够实现,在学习上,他们也没有能够给予肖洛直接的指导和帮助,但是父母对待事物的认真态度,以及无论对何种工作都要想方设法做到最好的执著精神,却对小肖洛产生了深远的影响。

肖洛有时会和父亲一起下国际象棋。开始时,父亲总是战胜他,即使和父亲打赌的金额只有 1 美分,父亲也毫不相让。肖洛本来并不很看重输赢，他对游戏从来都不那么认真。可是父亲下象棋时一丝不苟，全身心投入的态度，迫使肖洛不得不也全力以赴对待。他找来了许多国际象棋棋谱，认真研读，准备向父亲发起强有力的挑战。父亲这种潜移默化的影响，使肖洛渐渐养成了一个令他受益终生的好习惯——在自己感兴趣的领域中，注重知识的深厚积累。

源于父亲对书的痴迷和犹太人崇尚知识的血统，肖洛从小便对书有一种莫名的亲近感。当时家中有一部《知识丛书》，那是肖洛最心爱的宝贝。这时，又是父亲提醒儿子，离家半英里远有一座小图书馆，那儿有更多的有趣的书。在父母的支持和鼓励下，肖洛 6 岁的时，就已经开始从图书馆借书回家，读完再还回去。不知不觉中，肖洛读书的兴趣越来越浓。很多神话、传说和史诗故事类的文学作品，他都读得津津有味。在这些书籍中，肖洛慢慢地发现自己最喜欢的还是《知识丛书》之类的关于工程方面及科学方面的书。尤其是无线电方面的书籍。在肖洛看过的书中，有关于收音机知识的介绍，他多么想拥有一台自己的收音机啊！可是他很清楚自己买不起。“为什么不自己组装一台呢?”这个大胆的想法让他兴奋不已。说干就干，肖洛开始搜集各种书籍和资料。当他发现了一份每星期都要刊登文章讲解如何根据电路图装配收音机报纸时，真是如获至宝。按照报纸上的讲解，肖洛开始自己动手装配收音机，他在做这件事时，简直到了如痴如醉的程度。当"圣诞老人的奇遇"的美妙乐曲从自己装配好的磁石收音机中悠悠传出时,他欣喜若狂。全街区的小朋友也都为之欢呼雀跃,他们被这个简单的"机器"吸引住了,入迷地一遍又一遍地听着"圣诞老人的奇遇"。肖洛第一次品尝到成功的喜悦。在为自己亲手成功地装配收音机而感到自豪与骄傲的同时,肖洛更为科学的神奇魅力所深深折服。

读书还让肖洛知道了很多科学家的事迹。他后来在回忆中说道:"在科学方面,我有自己的榜样。每个人都崇敬爱因斯坦——他是一个极其卓越的人。但是很难记起我到底崇敬那位科学家。现在,我想我最崇拜的人可能是法拉第。他通过简单的实验却发现了全新的现象,而且是在100年以前。我也看了许多关于物理学和物理学家的书,我确实尊敬那些做出了贡献的人。"

高中时肖洛结识了一位无线电技术员。肖洛曾装配了一台高级的外差式收音机,可是不能工作,几次试验之后,他仍然找不到问题的症结所在。于是他想起了那位技术员,没想到这位技术员很熟练地把收音机修好了。兴奋之余,肖洛便和他探讨问题出在哪儿。令肖洛非常吃惊的是,在他们谈到无线电波的波峰时,那位技术员竟然天真地认为那是在大气的最顶层,而肖洛知道波峰在电学领域里是指电磁波的最大值。遗憾之余,肖洛开始清醒的意识到自己的优势所在——不是停留在组装和操作无线电的技巧与程序上,而是深入探寻有关的基础科学知识。重视对事物背后科学本质的探索，为肖洛以后的研究指明了方向。它促使肖洛开始用一种与众不同的方式观察事物——不仅仅是用眼睛看，更重要的是用头脑去分析：这个事物的实质是什么？它可能与其他事物有什么样的关系？在解决这些问题的过程中，肖洛也形成了自己解决问题的独特方式——整体把握事物的本质，不去过分注重它的细节。

在学习中确定自己的“航向”

肖洛的求学经历并不顺畅。在多伦多温彻斯特公立小学上学时，肖洛曾因为记忆力出色，学东西很快而跳了几级。但后来，他遇到一名叫布雷的老师，由于不能接受肖洛解决问题的方法的缘故，布雷老师对肖洛明显地存在着偏见，甚至声称肖洛是一位很笨的学生。为此，妈妈还带肖洛去看过心理医生，测试的结果是肖洛不但不笨，而且智力超常。不过肖洛并不看重心理测试的结果，他相信，人应该通过努力改变现状。果然，到了中学，肖洛就成为班里年龄最小但成绩最好的学生。不过肖洛也碰到过麻烦。在他的老师当中有一个名叫肯里奇的英国老师，这个人很守旧，也不学习新的知识。他不相信原子，只相信化学试剂，使用的专业名词还是9世纪的说法。在他的消极影响下，肖洛产生了厌学情绪。

幸好中学的最后三年，肖洛的老师换成了罗宾逊先生。这位老师不但注重知识的更新,更注重讲课形式的创新。在肖洛的印象中“他的课很吸引人”。罗宾逊先生也很喜欢肖洛,在最后一年里,他要求肖洛自己尝试去解决书中的问题。老师别具一格的指导让肖洛在自学过程中重新找到了自信和探求知识的乐趣。

1937 年是肖洛上高中的最后一年,这一年省教育部要主办一个很大的考试。以前,这所仅有 10 年历史的学校,从未有学生获得过科学奖金。并且这一年要举行乔治六世加冕典礼,如果考得好的话,他可以有机会随童子军一起去参加加冕典礼。在父母的建议下,也为了证明自己的实力,肖洛毅然放弃了与其他同学一样地玩耍的乐趣,安心的在家准备功课,准备参加考试。一份耕耘,一份收获。结果,肖洛在考试中大获全胜,获得了数学和物理两个学科的奖学金。

16 岁时,肖洛高中毕业。由于始终迷恋无线电,他打算报考多伦多大学无线电工程系。可是残酷的现实迫使他不得不改变初衷。大学的学费每年为 125 加元,这似乎并不很多。但是,当时加拿大正发生经济危机,通货膨胀导致物价上涨。尽管父亲从来不曾向肖洛谈起过家中的经济承受能力,但他很清楚,单靠父亲的工资是难以负担自己的学费的。于是他改学了物理,因为学工程没有奖学金,而学理科却可以享受奖学金。

大学期间,肖洛必须争取全班第一。尽管他不喜欢竞争,也没有把其他人打败的“野心”,更不想出人头地,

但是他必须争取这个荣誉，因为不如此他就会失去奖学金，也就是意味着失学。这正如他后来所说："我必须加倍努力，……我不得不选择什么是最重要的，并把这些知识学到手。这些是相当困难的，但我必须这样做。"使他感到欣慰的是他的数学和物理在全班一直都是名列前茅，这使他得到了奖学金，也保证了他能够顺利地完成大学学业。

在科研中实现人生的价值

1941年肖洛大学毕业。当时正值第二次世界大战，几经波折之后，他回到多伦多大学，开始了研究生的学习生活，在马尔科·克兰福和哈里·韦尔盛两位教授的指导下从事光谱学研究。当时，世界大战使大多数科学研究工作几乎陷于停滞。但肖洛的两位导师却克服了难以想象的困难，以顽强的工作精神和严谨的治学态度继续从事研究工作。在两位老师的影响和指导下，1949年，肖洛获得博士学位。经碳化物与碳化学学会的介绍，肖洛到美国哥伦比亚大学与领导微波光谱研究的著名物理学家汤斯教授一起工作。汤斯教授热情、不摆架子而且乐于听取别人的意见，能够在他身边工作，肖洛感到非常幸运。因为这样一来，他就可以全力以赴地投入研究而无需在人事交往中耗费精力。1955年，肖洛与汤斯教授合著的《微波光谱学》问世，引起强烈反响。接着，肖洛又在激光领域中进行了一系列卓有成效的研究。1958 年，肖洛综合了微波激光器和光谱学两个领域的知识，设想了一种实现光受激辐射的装置，这种新装置就是现在所说的“激光器”。

肖洛在做实验

肖洛在讲学

肖洛谦虚谨慎，思维敏捷，思维方式独到，所有与他合作过的人对他都有着深刻的印象。这期间，汤斯教授被授予了诺贝尔物理学奖，以表彰他在发明激光器过程中所做的贡献。其实，肖洛也为激光器的诞生做出了不可磨灭的贡献，后人甚至把他称之为“激光之父”，但他却没有得诺贝尔奖。有人为他鸣不平，肖洛却处之泰然，继续以一种淡泊名利的豁达心态，心无旁骛地投入到自己的研究之中。

70年代初，肖洛领导了斯坦福大学激光光谱研究实验室的研究工作。在治学严谨的肖洛的带领下，斯坦福大学物理系研究小组始终处于世界激光光谱研究的领先地位。在肖洛身边工作的中国学者曾请教他：“为什么你领导的斯坦福研究组能够始终站在激光光谱研究的最前列?”他笑了笑说：“我给自己定了这么一条戒律：决不重复自己已经做过的工作，也决不重复别人做过的工作。”1976年，肖洛创立了高分辨激光光谱学。1978年，肖洛领导的研究小组用他发明的偏振光谱方法测量氢光谱，精确测定物理学的一个基本常数——“里得堡常数”。1981年，肖洛因其在激光研究领域的卓越贡献被授予诺贝尔物理学奖。

1981年的肖洛

肖洛领取诺贝尔奖

从自制第一台收音机的成功体验中，从对科学“点石成金”巨大乐趣的领略中，肖洛开始了他的科学之行和寻梦之旅。在理智的指引下，他能够客观冷静、扬长避短地选择自己的努力方向；在兴趣的指引下，他注重在知识的海洋中广采博览，为自己的事业奠定了坚实基础。他那把握整体，直探本质的独特思维方式，又使他在研究中如虎添翼。在研究中，他勇于创新；在合作中，他从善如流；在荣誉前，他襟怀坦荡……这一切，构成了那个值得每一个渴望成功者深思的人——肖洛。

三个幸运的“改变”

——1988 年诺贝尔物理学奖获得者杰克·斯坦伯格

“在一生中我从来没有骄傲过，我认为没有任何理由可以骄傲。对我来说物理学越来越深奥了，当你了解更多的时候，你就会发现自己所知道的远远不够。物理是永远不能研究到极限的，它在缓慢中进展，在流逝的时间里你会逐渐了解一些事情，但不可能有功成圆满的感觉。”

——杰克·斯坦伯格

杰克·斯坦伯格(Jack Steinberger, 1921—)，德裔美国人，哥伦比亚大学实验物理学家。因发现 μ 子型中微子，揭示轻子的双谱线结构，而于 1988 年获诺贝尔物理学奖。

20世纪的最后一个25年,物理学的百花园奇葩怒放。在众多的奇花异草当中,以粒子物理学、凝聚态物理学和天体物理学最为壮观。许多获得诺贝尔物理学奖的研究成果都与此有关。在这一研究领域中,产生了众多杰出的物理学家,斯坦伯格就是其中的一位。

由“地狱”到“天堂”

斯坦伯格出生于第一次世界大战后的德国。当时,德国正处于经济萧条时期。他是家中的次子,还有一个哥哥和一个弟弟。斯坦伯格的父亲参加过第一次世界大战,战后在教堂中担任合唱指挥和教会学校的教师。母亲出生于纽伦堡一个富裕的商人家庭,接受过大学教育。若不是德国政局的变化,他们一家人也许会一直过着平平淡淡,衣食无忧的生活。但随着德国反犹浪潮的逐步升级,斯坦伯格的生活也发生了戏剧性的变化。

30年代,在当时的德国元首大选中,纳粹党的选举宣传广告上出现了一张被丑化了的犹太人的脸,旁边的标语是“犹太人是我们的不幸”。除此之外,纳粹党的准军事组织——德国冲锋队组织的火炬游行也开始高唱“只有犹太人的血从刀上流过,幸运才会来到”。

1933年,纳粹开始掌握了国家政权,也开始了对犹太人的残酷迫害。他们制定了一系列针对犹太人的禁令,其中有一条是:不准犹太孩子享受公共学校的高等教

育。对于崇尚知识的犹太人来说,这无疑是一件十分难受的事情。如果一直没有转机的话,也许就不会有今天的斯坦伯格。正在父亲为孩子们的教育问题发愁的时候,美国犹太慈善机构提议为300名德国难民儿童在美国找个家。父亲得知此事后,立刻为斯坦伯格和他的哥哥提出了申请,幸运的是,申请获得了批准。1934年,他们搭乘"华盛顿"号邮轮抵达纽约。那天正是圣诞节,那时他只有13岁。

在美国,斯坦伯格和他的哥哥分别被不同的家庭所收养,收养斯坦伯格的是芝加哥贸易局谷物交易所的法罗尔(B. Faroll)先生。法罗尔先生不仅把斯坦伯格领回了自己的家,而且还把他送到了新特里尔区中学上学。新特里尔区中学坐落在富裕的芝加哥北部,是一所闻名全美的学校,学校有游泳池、体育馆、自助食堂等,这在当时都属于十分先进的设施。另外,这个学校还有不少杰出的教师。这一切都让来自德国小城镇的斯坦伯格大开眼界,他从未想过,在经历了纳粹统治之下噩梦般恐怖不安的日子之后,还能够进入条件这样好的学校来读书。小斯坦伯格十分珍惜这来之不易的学习机会,他决心发奋读书,以回报法罗尔先生的无私帮助。

由化学转为物理

还是靠法罗尔先生的帮助,1938年,斯坦伯格的父母和弟弟也在德国爆发全面的反犹暴力活动之前来到了美国。在经过了 4 年的分离之后，一家人终于相聚了。他们得以免去一场浩劫，成为了德国少数逃脱厄运的犹太家庭之一。在美国，斯坦伯格的父母靠经营杂货铺来获得微薄的收入糊口。尽管他们当时的生活十分俭朴，但能够远离对于犹太人来说如同地狱般的德国，他们已是十分满足。在这样安定的环境下，斯坦伯格更加发奋读书，中学毕业后，他进入了阿穆尔理工学院学习化学工程，两年后，又以优异的成绩毕了业。可是在他毕业的时候，美国出现了经济萧条。斯坦伯格的奖学金被停止了，父母经营的杂货店也由于经济萧条的冲击很不景气，因此斯坦伯格只能结束学业，希望找份工作来做，以赚取学费并补贴家用。

但经济的不景气也给就业增加了难度，当时失业的人数远远超出了就业的需求。对于一个没有任何门路的 20 岁的男孩来说，要找一份理想的工作谈何容易。斯坦伯格喜爱化学，想在化学实验室找一份工作，但一次一次尝试，得到的是一次一次的失望，化学的大门似乎总是对他紧紧地关闭着。最后，在哥哥的监护人的帮助下，斯坦伯格终于找到了一份在药剂实验室清洗化学仪器的工作，周薪 18 美元。这段时间里，斯坦伯格十分辛苦，白天工作，晚上到芝加哥大学学习，周末还要帮家里看店铺。但好在这样的日子并没有持续多久，第二年，斯坦伯格得到了芝加哥大学提供的奖学金，这意味着他再也不必到药物实验室清洗仪器，白天也能回到学校学习他心爱的化学了。

1942 年，斯坦伯格获得了化学学士学位。这时，若不是美国卷入了战争的旋涡，他很有可能一辈子都在从事他的化学研究。但战争又一次改变了他的命运。

《北京青年报》记者采访斯坦伯格

1942 年，珍珠港事件爆发，斯坦伯格应征入伍。在芝加哥大学经过了几个月为部队人员专门开设的电磁波理论的特殊培训之后，他被送到麻省理工学院辐射实验室工作。这个实验室有著名物理学家珀塞尔和施温格等人，当时正在研制雷达轰炸制导系统，斯坦伯格参加了与之有关的天线组的工作。在这里，斯坦伯格有机会与一些杰出的物理学家朝夕相处，并且有机会进修了好几门物理学的基础课程，这使他对物理学产生了浓厚的兴趣。而在此之前，斯坦伯格与物理学的惟一接触是在阿穆尔理工学院二年级的预备课上。

1945 年，德国投降后，斯坦伯格在部队里又呆了几个月，直到日本投降后才退役。他回到芝加哥大学继续未完成的学业，只不过，他的兴趣和方向已经由化学转向了物理。

由理论物理改为实验物理

芝加哥大学有着绝佳的学习环境，当时费米、泰勒等著名的物理学家都在那里担任教授，杨振宁、李政道、张伯伦、戈德伯格、罗森布鲁斯、加文和沃尔芬斯坦等是他的同学。在这些著名的教授中，斯坦伯格尤其喜欢听费米讲课。费米讲课清晰明了，言简意赅，绝没有多余的废话。除此之外，他还经常在晚上举办议题广泛的讨论会，教给学生解决问题的方法。费米是诺贝尔奖获得者，在芝加哥大学主持着多项重要的研究课题，但他对教学从不马虎，他希望在他的引导和帮助下学生们能够成为物理学家。他一直认为，帮助别人成材也是体现自己人生价值的一个方面，这与研究工作同等重要。从费米等老师的身上，斯坦伯格不仅学到了知识，更重要的是学到了做人的品格。从那些后来都成为著名科学家的同学身上，斯坦伯格也受益匪浅，他在自传中回忆这段往事时这样写到："这是一次了不起的合作，我觉得我从这些同学身上学到的和我从教授那儿学到的一样多。"

在选择博士论文题目时，斯坦伯格本想做理论方面的研究，但他又感到力不能及。这时，又是费米给他推荐了宇宙射线中的介子问题,这个问题在当时尚没有理论依据,费米劝斯坦伯格先自己做这个实验,不要等待理论的支持。斯坦伯格接受了费米的建议,后来对这个项目进行了长期细致的研究。在这个项目的研究中,斯坦伯格显示出了他作为实验家的天赋,取得了重大的突破性的进展,获得了诺贝尔奖。

尽管斯坦伯格在自己的科学生涯中取得了很多骄人的成就,但他却一直保持着作为一名科学家应具有的耐心、严谨和谦虚的品质。在接受《北京青年报》记者采访时,他对自己是这样评价的:"机会和运气在我的生命里扮演着最重要的角色,我是个非常有运气的人,我从运气中获益最深。我可以举几个例子。其一,我有幸生在一个教育良好的家庭;其二,希特勒的种族政策使我在少年时不得不离开我的国家,前往美国,但在那里我获得了更多更好的发展机会;其三,第二次世界大战把我从一个学习化学的学生变成了物理学家,这对我来说是一个正确的方向;其四,偶然的机会使我得以在芝加哥大学深造,本来我想去加州理工学院,那里有奥本海默的实验室,但是在芝加哥我碰见了费米,他给我提供了持续研究的方向。你可以看到,我一生中最重要的决定都是由命运赐予的,我只是被动接受,但是我是个幸运的人,命运总是给我指引正确的方向。"

如今,已经年过八旬的斯坦伯格仍然对世界保持着旺盛的好奇心,只不过他的兴趣已从微观的粒子,转移到了宏观的宇宙哲学和天文学方面。虽然,他明知自己在这个领域当中不可能再取得骄人的成就,但学习的过程和好奇心的满足同样也带给他许多乐趣。你在学习中体会到了这种乐趣吗?我们该怎样去追求、去体验学习过程中的乐趣?投入到科学之中是充满乐趣的!把握机遇,发展自我,按照斯坦伯格非凡的人生经历的指引,去追寻这种乐趣吧。

找准人生的坐标

——1989年诺贝尔物理学奖获得者汉斯·德默尔特

汉斯·德默尔特，德裔美国物理学家。因研究原子和离子陷阱技术，荣获1989年诺贝尔物理学奖。

在诺贝尔奖坛天空的璀璨群星当中，汉斯·德默尔特的经历最富有传奇色彩：当许多德国青少年受到纳粹的蛊惑而打砸抢时，他却在摆弄无线电和学习科学中自得其乐。他在斯大林格勒战役中侥幸逃脱，却又在阿登战役中被俘；被选为物理大师的抬棺人，最终成为优秀的物理学家。

图书是无声的良师

汉斯·德默尔特的童年是在第一次世界大战之后到资本主义世界经济大萧条时期之间度过的。当时德国是战败国，经济发展受到限制，汉斯·德默尔特的父母凭着多年的经验，苦心经营着不动产以维持生计。当时的德国，社会矛盾相当突出，社会治安状况也非常混乱。这种动荡的社会状况对汉斯·德默尔特也产生了影响。他认为学习没有什么用处，整日在街上游荡，甚至想成为街头的小霸主。但是他的美梦很快就破灭了。一次，他被一个强壮的留级生打得鼻青脸肿。在父母的劝告下，汉斯·德默尔特把兴趣从在街道上漫游转到了摆弄无线电一类小玩意和在家里做一些自己有兴趣的实验上，兴趣的转移使德默尔特走进了一个崭新的世界。

汉斯·德默尔特的母亲是一个要强的妇女，她希望孩子成人之后有出息，因此总想为小汉斯找一所好学校。1933 年春天，她想方设法把儿子送到了当地一所有名的中学，它是柏林市最古老的拉丁语学校。10 岁的汉斯·德默尔特不仅通过了严格的入学考试，而且获得了奖学金。为此，父亲给他买了许多著名发明家的故事及希腊神话的书和一套无线电小工具作为奖励。

汉斯·德默尔特对无线电制作充满了热情，当制作产生疑惑时，父亲买的书给了他很大帮助，这些书不仅使他明白了许多原理，更重要的是激发了汉斯对物理学更大的兴趣。当时只有高年级才有物理课，汉斯只能自学物理学，家里的书读完了，就到了图书馆找书读。《物理学改变了一个人对世界的看法》、巴勒莫的《丛书》和玻尔的《关于氢原子能级》等书籍，都是小汉斯当时非常喜欢看

的。

小汉斯不仅喜欢读书，还经常利用课间休息的时间与同学讨论书中的问题。在讨论中，他把很多问题搞得更加深入和清楚，同时逻辑思维也得到了训练。当然，这些能力都是在他不知不觉中形成的，在当时他并没有意识到这一点。当汉斯·德默尔特与几个同学展开激烈争论的时候，另一些同学正在玩拳击比赛呢。虽然玩与体育活动对人的身心也是有益的，但这至少说明了兴趣和爱好很容易使青少年走上不同的人生道路。

志趣是引路的灯塔

二次世界大战开始后，汉斯·德默尔特应征入伍。德默尔特本想做一名通讯兵，从事与自己喜爱的无线电有关的工作，但他却被派往防空高射部队做了炮手。他在纳粹军队中永远谈不上是一个“优秀”的士兵，也没有立过什么“战功”，直到战争结束，他还是一名二等兵。

在 1942 年底的斯大林格勒战役中他所在的部队被苏军包围，因为顿河集团军指挥官曼施坦因及时下令撤退，汉斯·德默尔特才得以免遭被俘或击毙的命运。1943 年，汉斯·德默尔特奉调回国，在布雷斯劳大学参与了一项军事研究项目。在那里，德默尔特又可以着手有关物理学方面的研究了。但好景不长，1944 年底德默尔特又被送往西部前线参加“阿登”战役，德国又战败了，德默尔特成为了数百名德军俘虏中的一员。在法国战俘营里度过了一年之后，德默尔特在战争结束后的 1946 年初获释。

由于战前汉斯·德默尔特做过无线电修理等工作，因此在战后他得以进入著名哥廷根大学学习。哥廷根大学有许多著名的学者，在这里汉斯·德默尔特先后聆听了鲍尔、贝克、考夫曼、海森堡等人的讲座，还出席过有劳埃和普朗克参加的物理座谈会。1947 年，普朗克去世了，这位量子论的创始人在本世纪初，抛弃了能量是连续的概念，创立了量子论。量子论和相对论是现代物理学的重要支柱。在普朗克的葬礼上，汉斯·德默尔特被选作了抬棺人之一。此时此刻，汉斯·德默尔特感到了肩上担子的沉重，因为他觉得他承担的是科学伟人的重托。他决心要接过先辈手中的接力棒，在物理学研究的道路上，披荆斩棘、矢志不渝。

在大学里，汉斯·德默尔特喜欢做物理实验，特别喜欢重复赫兹的实验、密立根油滴实验、光谱线在磁场中分裂的塞曼效应实验和其它经典的现代物理实验。他的这些实验都是在沃尔夫冈·保罗领导下的实验室里做的。德默尔特与比他年长 9 岁的沃尔夫冈·保罗共同研究实验，一起废寝忘食，结下了不解之缘，40 多年后他们一起分享了诺贝尔物理学奖。

70 年代初，汉斯·德默尔特在研究原子(或离子)陷阱技术方面取得了突出成就。原子(或离子)陷阱技术学

是根据爱因斯坦提出的原理，由沃尔夫冈·保罗在50年代发明的捕捉原子的方法，称为“保罗陷阱”。但是这个方法还有一些缺点，就是被捉到的原子或离子还会以某一个频率振动，即它仍然有一定的动能。汉斯·德默尔特对其进行了改进。1978年，汉斯·德默尔特与合作者在德国海德堡大学成功地把Ba+离子约束在与“保罗陷阱”类似的“彭宁陷阱”中，并使离子长时间(几个小时)“静止”在陷阱内。同时，他还用激发荧光的方法对在陷阱中的离子拍了照片，这是世界上第一次将一个离子用可见的方法显示出来。

沃尔夫冈·保罗和汉斯·德默尔特由于上述研究成果，而与另一位科学家——拉姆齐一起获得1989年诺贝尔物理学奖。

著名作家柳青说过：“人生的道路虽然漫长，但紧要处却只有几步，特别是当人年轻的时候。”汉斯·德默尔特从街头回到课堂，又从战俘营走上诺贝尔奖坛，正是由于青少年时期的兴趣、志向的指引，才使他找到了自己的位置，而没有迷失方向。我们学习德默尔特，不能仅仅把目光集中在他的辉煌业绩上，而是要像德默尔特一样培养有益的兴趣和爱好，树立正确的世界观和人生观，找准人生的坐标，并且矢志不渝地顽强奋斗。

历尽风雨见彩虹

——1992年诺贝尔物理学奖获得者乔治·夏帕克

永远不要怕为时已晚。梦想明天,就是已经设计了未来……那么,也就是做好了一生的安排。

——乔治·夏帕克

乔治·夏帕克(Georges Charpak, 1924—),法国物理学家。因开发了高能物理学研究中的重要粒子探测装置——多丝正比室,获1992年诺贝尔物理学奖。

当一个人在充满死亡威胁的“炼狱”中度过了他最宝贵的青春岁月,你相信经历九死一生的他最终会获得诺贝尔奖吗?“如果还为时不晚的话,我愿意离开我生命旅程中的这个阶段,离开粒子物理学的战场,做一些其他的尝试。那将是一个情况更复杂也更触及人性本质的新战

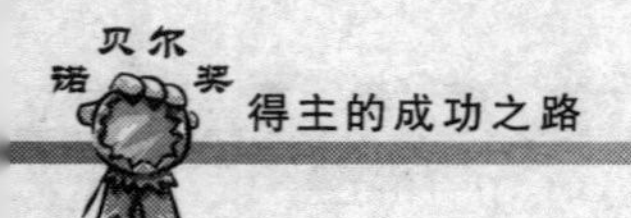

场。我的同伴教会我永远不要怕为时已晚。梦想明天，就是已经设计了未来……就是做好了一生的安排。”这番话是波兰裔物理学家乔治·夏帕克一生最真实的写照。

充满坎坷的青少年时代

乔治·夏帕克出生在一个犹太人备受歧视的年代，父母为他取名格里沙。为了躲避歧视和迫害，小格里沙不到4岁便经历了从萨尔尼到巴勒斯坦再到萨尔尼的颠沛流离的迁居生活。童年的磨砺对格里沙来说，是一份宝贵的财富，一种精神的积累。萨尔尼居民使用多种语言的习惯，使得小格里沙在2岁到5岁三年间就学会意第绪语、俄语、阿拉伯语和波兰语。1931年，在格里沙7岁时，父母决定举家迁居法国。怀着对美好生活的向往，小格里沙告别了波兰，告别了美丽的家园，告别了意第绪语和俄语，告别了曾给他带来许多快乐的小天地。

到了法国，小格里沙改名为乔治·夏帕克。虽然经历了举家迁居、名字变更以及连续不断的艰苦生活，但夏帕克并未改变好学的秉性。9岁的童年，对于大多数孩子而言，意味着骑自行车、玩弹子或是津津有味地读连环画，而夏帕克则将大部分时间和精力都用于阅读凡尔纳、大仲马或库珀的著作上。在法国巴黎的市区图书馆，他“贪婪”地读着每一本书。那一本本书为他打开了一扇扇新的窗户，使他感到眼前有了一片新的天地。畅游于浩瀚的知识海洋之中,夏帕克如饥似渴地汲取着一切可能获得的知识营养,一种前所未有的激情撞击着他的心胸,他开始意识到有一个独立存在于人类之外的巨大世界,他想探索,想寻求这些尚不为人知的东西,想缔造一种前人尚未缔造的辉煌。

1938年,夏帕克在没有父母陪伴也没有推荐信的情况下,顺利地考取了圣路易中学。但是阴差阳错,本该读初中三年级的他却被分到高中二年级,他不得不尽最大的努力去补习跳过的两个年级的课程。

1940年德国入侵法国,巴黎沦陷,这对于非法移民的犹太人来说无异于晴天霹雳。但危险的境遇,不但没有使夏帕克颓唐,反而让他学会了在困境中更好地生存和发展。这一年的9月,夏帕克进入了圣路易中学数学班,为了丰富自己的知识,他同时又选上了哲学班,并在高中会考中通过了理科和文科的全部课程。

夏帕克的求学历程是异常艰难的。在当时的学校中,反犹太人主义倾向相当严重。如果有哪一位犹太同学的铜板掉在了地上,马上就会有一部分同学低声嘘着:“犹太…犹太…犹太。”面对这种侮辱,夏帕克紧咬牙根,紧握双拳,保持沉默。在后来的回忆中,夏帕克深深感触到“在当时的生存环境中,生命依赖于沉默和忍耐力”。当然,还有他对美好生活的渴望以及对科学知识的渴求。也许正是基于以上种种原因,无论在什么情况下,夏帕克都保持着自信和乐观,都会迎难而上、锲而不舍。这一切也正是他后来取得辉煌成就的奠基石。

地狱般的囚徒生活

1943 年 5 月,夏帕克参加了反对纳粹的地下抵抗斗争。由于叛徒的出卖,他被警察逮捕并被法国亲法西斯的傀儡政权判处两年监禁,关押在埃斯少年教养院城堡。

在牢狱中,夏帕克和其他追求正义的人士从未放弃过斗争。1943 年冬,夏帕克和战友们举行了暴动,但没能成功,12 名暴动组织者被德国纳粹枪杀。夏帕克后来回忆当时的情景时说:“我感到害怕,感到愤怒,但我很坚定,并没有因此而软弱。19 岁的我得到了一次非同寻常的磨练。”

1944 年 6 月 11 日,夏帕克被押送到德国集中营,在那里他更加体会到了生命的宝贵。面对每天成千上万被杀的同胞,夏帕克的心在滴血,但他没有退却,残酷的集中营生活使他学会了斗争的艺术,学会了进退攻守,学会了与法西斯分子斗智斗勇。他曾经将马铃薯穿在一条长棍子上藏匿于裤中,也曾享受到一只烤熟了的死羊。足智多谋和缜密的思考使夏帕克生存了下来。

除了生存的需要,还有的就是心中的梦想。无论是在德国纳粹对犹太人近乎疯狂的折磨时,还是在随时有可能丧命的恶劣环境里,夏帕克都没有放弃这个梦想——做一名物理学家。在狱中,他结识了一位知识渊博,数学基础非常好的朋友布劳克。两人经常在一起研究数学,夏帕克很多数学方面的知识都是在这里学到的。有人在磨难中成长,有人在磨难中退缩。夏帕克无疑是前一种人的代表!集中营的生活铸就了他坚强的意志,这使他在日后的科学研究和生活中总是迎难而上,而不是知难而退。

1945年,盟军解放了集中营,夏帕克成为少数活着走出集中营的人之一。3年的集中营生活耽误了他的大好青春,使他受尽了非人的折磨,也给他的心灵造成了难以愈合的创伤。半个世纪以后,当回忆起在纳粹集中营的生活时,夏帕克仍难忍心头之痛。"50年后的今天,大概因为时空的距离及某种对生命的幽默,我才能平心静气地回述往事。并不是我有意识地淡化这一切,而是因为只有如此,才能令我们这些劫后余生的人回想过去,虽然不见得能将那些不堪回首的集中营景象和盘托出,至少能激发出数不尽的动荡回忆。"

刚走出集中营的夏帕克

影响深远的科学成就

从集中营出来,夏帕克开始了新的求学生涯,也开始了他在科学道路上的不懈追求。尽管通往科学高峰的路途并不平坦,但在劫后余生的夏帕克眼中,这已经没有什么值得畏惧的了。

1946 年,夏帕克考取了巴黎大学,从事物理学专业的学习。1954 年,他被巴黎法兰西学院授予物理学博士学位。早在巴黎求学时,夏帕克就曾经作过有关火花室的研究,并且已经有了一定的成就。1958 年,在当时著名的物理学家莱德曼的盛情邀请下,夏帕克加入到欧洲核子物理研究中心。但夏帕克为此付出了一定的代价。与莱德曼的合作使他放弃了原来的研究方向,而火花室研究的终止使夏帕克与成功擦肩而过。在他加盟欧洲核子物理研究中心的一年后,日本物理学家福井和宫本的火花室研究取得了成功。莱德曼后来回忆当时的情况时讲,当得知这一消息时,夏帕克挥动着这两个日本人的出版物对他说:“看,火花室的研究成功了!”此事对夏帕克而言既是一种遗憾,也是一种激励。它激起了夏帕克强烈的竞争意识,同时也使夏帕克认识到,在科学探索的道路上不要轻言放弃,放弃的时刻可能就是离成功最近的时刻。

巴黎求学期间的夏帕克

1968 年,夏帕克制造出多丝比正室探测器,但是当

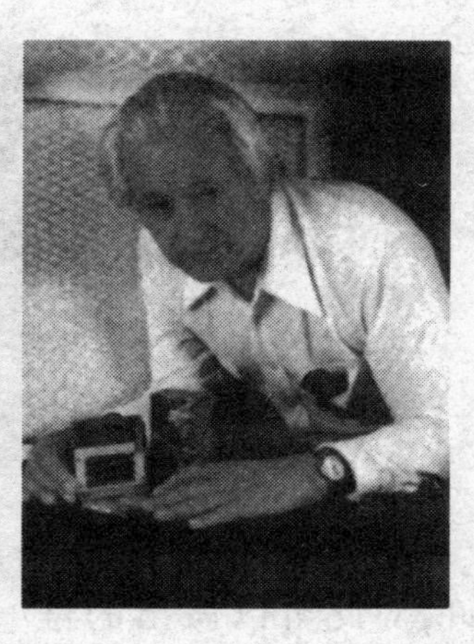
夏帕克在做实验

时人们还没有意识到这一发明的重大意义。1974 年,丁肇中和里克特同时发现了一种新粒子。1976 年 10 月,他们双双登上了诺贝尔物理学奖的奖坛。1984 年矢量波色子(W 和 Z)的发现者卡洛·鲁比亚和西蒙·范德梅尔又获得了诺贝尔物理学奖。粒子物理学领域捷报频传的原因究竟是什么呢?1992 年 10 月 14 日,谜底在瑞典皇家科学院揭开了,揭开谜底的人就是波兰出生的法国公民乔治·夏帕克。沉寂多年的粒子物理学研究领域再次掀起了轩然大波,人们发现,新粒子的发现者和中间矢量波色子的发现者都是使用了夏帕克的发明成果。正如丹麦粒子物理学家汉森所言:“如果没有夏帕克的成果,那么在过去几十年中世界上核子物理领域不可能有谁能获得诺贝尔物理学奖。”夏帕克发明的多丝正比室和漂移室是 20 年来影响最大、效率最高的两种探测器。所以,他理所当然地于 1992 年 10 月 14 日上午 10 时得到了这份一般人难以企及的荣誉。

在参观为 11 名获得诺贝尔物理学奖的法国物理学家举办的展览时,夏帕克不安地表示:“我的照片真的有资格挂在居里或约里奥的照片旁吗?这怎么可能呢?也

讲学中的夏帕克

许,对此可以做出的惟一解释是:我毕生的热爱是物理学!"这种谦虚的品质是多么地难能可贵啊! 他的这种态度本身就足以赢得人们的尊重。

在探索中找到快乐的源泉

——1997年诺贝尔物理学奖获得者克洛德·N·科昂—塔努吉

钻研、学习、与他人分享知识。

——克洛德·N·科昂—塔努吉

克洛德·N·科昂—塔努吉(Claude·N·Cohen - Tannoudji, 1933—),法国物理学家。发明了用激光冷却和俘获原子的方法,荣获1997年诺贝尔物理学奖。

犹太民族是一个热爱学习,尊崇知识的民族。几十年来,在尊师重教、渴求知识、善于思考的优良传统影响下,犹太民族为人类奉献了爱因斯坦、玻尔等一大批成就卓著的物理学家。犹太物理学家也成为了诺贝尔物理奖获得者当中的一道亮丽风景。与华裔物理学家朱棣文同获1997年诺贝尔物理学奖的两位科学家中就有一位犹

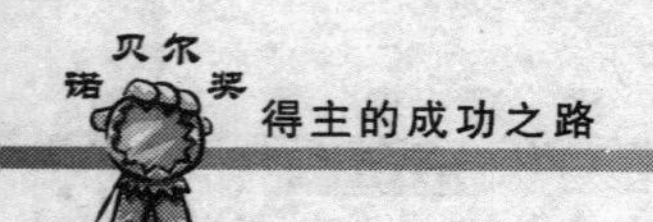

太人，他就是法国物理学家克洛德·N·科昂—塔努吉。

父亲激发了他强烈的求知欲望

克洛德·N·科昂—塔努吉出生于阿尔及利亚北部的港口城市君士坦丁的一个犹太家庭。当时阿尔及利亚尚未独立，还是法国的殖民地。

科昂—塔努吉的父亲是一个了不起的人，他虽没有上过学，但凭着旺盛的求知欲望和坚韧不拔的毅力，自学了《圣经》、犹太法律、哲学、精神分析学和历史等知识。父亲的言行潜移默化地影响着小科昂—塔努吉。若干年后，已功成名就的科昂—塔努吉在回忆起自己的父亲时仍满怀深情："我的父亲是自学成才的，他有强烈的求知欲……他把自己对于学习、讨论、辩论的爱好都传给了我，他使我继承了犹太民族的传统——钻研、学习，与他人分享知识。"

在科昂—塔努吉该上小学的时候，纳粹德国占领了阿尔及利亚并加紧了对犹太人的迫害，小科昂—塔努吉无法进校读书。这使得他的父亲忧心如焚，他决不想让自己没接受正规教育的遗憾在儿子身上重现。为此，他一边抽出时间教儿子学习文化知识，一边焦急地等待着时机。两年后，阿尔及利亚从纳粹魔爪下获得解放，科昂—塔努吉终于进入了学校。父亲的殷切期望使小科昂—塔努吉学习十分勤奋努力，在小学和初中阶段，学业成绩一直非常优秀。为了让科昂—塔努吉进当地一所办学条件极好的学校接受最好的高中教育，父亲号召全家人节衣缩食，以支付昂贵的学费。父亲的良苦用心让科昂—塔努吉深受感动，他更加珍惜时光，学习上更加专心致志。他的努力也得到了很好的回报，高中毕业时，科昂—塔努吉的学业成绩在全校遥遥领先，他因此被选送到极负盛名的巴黎高等师范学院学习。法国本土之外的学生能被巴黎高等师范学院录取，这在当时是极为罕见的。

人生新的一页在科昂—塔努吉的面前展开了，他永远感激自己伟大的父亲：他把知识看作是最可宝贵的财富而充满渴求，他把学习看作是神圣无比的事情而自学不辍，还有他那为使儿子成为有用之才而不惜一切的精神……这一切，都成为科昂—塔努吉深藏于内心的珍宝，带着它，科昂—塔努吉踏上了新的征程。

良师益友塑造了他优秀的治学品质

在著名的巴黎高等师范院校，科昂—塔努吉有幸遇到了两个人。

一位是著名物理学教授卡斯特罗先生。刚升入大学的时候，科昂—塔努吉同时选修了数学和物理学。在小学和中学时代，科昂—塔努吉就具备了严谨的学习态度，养成了自觉的学习习惯，这使他学起许多人视为畏途的数学来轻松自如、游刃有余。正当科昂—塔努吉觉得研

究数学将成为自己今后的主要工作时，卡斯特罗教授的物理课深深吸引了他。卡斯特罗先生渊博的学识，生动的讲解，风趣的谈吐以及充满魅力的个性无不令科昂—塔努吉为之折服。正所谓“亲其师，信其道”，对卡斯特罗教授的仰慕，使科昂—塔努吉慢慢发现自己对物理学科的兴趣已大大超过了数学。最终物理学成了科昂—塔努吉一生的主攻方向。

在实验室中工作的塔努吉

另一位是科昂—塔努吉的师兄布鲁塞尔。科昂—塔努吉是在1955年正式加入到卡斯特罗教授的实验研究小组时结识布鲁塞尔的。当时，这个实验小组的实验条件非常简陋，缺乏计算机、记录器、信号平衡器等许多外人看来必不可少的实验设备。布鲁塞尔就是在这种艰苦的环境中开展实验研究的。他对待工作严谨扎实，一丝不苟。比如在测绘共振曲线时，为了让实验数据尽量精确，布鲁塞尔对每条曲线都要测量5次，然后，利用多次测量求平均数的方法来尽量减少误差。当实验进行到关键时，布鲁塞尔吃住都在实验室，一呆就是几昼夜。布鲁塞尔严谨务实的科学态度和勇于奉献的敬业精神给科昂—塔努吉留下了深刻的印象。在以后的科研工作中，科昂—塔努吉始终以他为榜样,事事勉励自己,时时鞭策自己。布鲁塞尔使他明白,任何成绩都是用勤奋与汗水堆积而成的,任何成功的科学家背后都有不为人知的艰苦卓绝的奋斗历程;跟那句"机遇只偏爱有准备的头脑"的名言所阐述的道理相同,成功只垂青于那些肯于比别人付出更多心血与汗水的人。

科学成为他探索的目标和快乐的源泉

如果说父亲与良师益友的影响是科昂—塔努吉取得成功的外在因素,那么对他取得成功更为重要的内在因素则是科昂—塔努吉在科学事业上的精勤求索。以探索为乐,享受探索之乐,成为科昂—塔努吉人生的主旋律。

在巴黎高等师范学院学习期间,求知欲旺盛的科昂—塔努吉就已经不满足于那种按部就班的学习,在正课之外,阿尔博特·约赛亚教授的量子力学讲座,阿纳托·亚伯拉罕教授的核磁共振讲座,以及克洛德·布拉赫教授的核物理讲座等,他都是每场必到,细心聆听。这些远远超出课本之外的新理论与新思想不断在科昂—塔努吉的头脑中回响着,让他如痴如醉地沉浸其中。

科昂—塔努吉深深地迷恋上了自己所从事的事业。放假了,别的同学纷纷回家休闲省亲,科昂—塔努吉却独自来到阿尔卑斯山脚下的莱苏什。他不是来欣赏阿尔卑斯山优美的自然风光的,而是来参加在这里举办的一个物理学习班。有许多资深的学者被邀请到这个学习班进行为期两个月的授课，求知若渴的科昂—塔努吉自然不会放过这个大好时机。整个暑假，当他的同学们在休闲娱乐中流连忘返，在良辰美景中徜徉沉醉的时候，科昂—塔努吉却听了几百节物理课。这种全力以赴的态度、超人的毅力以及对科学探索的巨大兴趣，使科昂—塔努吉的学业成就一日千里，研究工作突飞猛进，这为他今后成为才智超群的人才，取得令人瞩目的成就，奠定了雄厚的基础。科昂—塔努吉的经历正应了中国的一句古话：“知之者不如好之者，好之者不如乐之者。”

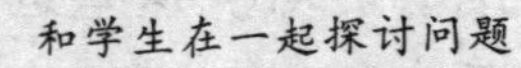
和学生在一起探讨问题

塔努吉在讲学

师范毕业后，科昂—塔努吉继续以满腔热情投入到教学与研究中。1973 年，科昂—塔努吉被任命为法兰西学院教授。法兰西学院自由宽松的学术氛围，为科昂—塔努吉开展科学研究提供了广阔的空间。更有趣的是，学院的一条特殊规定竟不知不觉间成就了科昂—塔努吉。这条规定要求教师在授课方面必须要保证不断变化和创新,授课的主题必须每年更换。这条规定对于教师来讲是极富挑战性的。它迫使科昂—塔努吉不断努力去探索和开拓新的领域,去猎取一切对研究有用的知识。这段磨砺的过程,使科昂—塔努吉逐渐成为一个在多个领域都有卓越建树的大师级人物。在原子与分子物理学中,研究气体的原子与分子相当困难。因为即使在室温下,它们也会以几百米每秒的速度朝四面八方移动,要研究它们惟一可行的方法是通过"冷却"减慢它们运动的速度。为了解决这一问题,华裔美国物理学家朱棣文教授最先提出了利用激光来冷却并且捕捉原子的想法。科昂-塔努吉也被吸引到该领域开展研究。经过长时间的摸索,他发明了一种新的方法,能把原子的温度降低到与绝对零度(摄氏零下 273 度)仅差百万分之几度的水平。

从瑞典国王手中接过诺贝尔证书与奖牌的塔努吉

激光冷却捕捉原子技术的发明,在物理学领域开辟了一条深入了解低温环境下气体量子特性的有效途径。为表彰科昂-塔努吉在科学领域做出的杰出贡献,1997 年他被授予诺贝尔物理奖。

在科学研究的奋斗历程中,科昂-塔努吉是幸运的。他的幸运在于继承了父亲钻研、学习、与他人分享知识的优良传统;他的幸运在于善于从良师益友身上学习受用终生的宝贵品质;但他的幸运更重要的在于他是一个善于享受探索乐趣的人,精勤求索和自强不息使科昂-塔努吉牢牢掌握着自己的命运,走向了人生的辉煌。

学习，使他的人生意义深远

——1998 年诺贝尔物理学奖获得者崔琦

崔琦（Daniel C·Tsai，1939—），美籍华人，美国普林斯顿大学教授、美国科学院院士，因发现分数量子霍尔效应，获 1998 年诺贝尔物理学奖。

同事、同学说："他是一个非常谦虚而彬彬有礼的人，同时他也有很强的自律精神，很刻苦。"

妻子琳达说："他是一个很有幽默感的人，而且永远有一些新的主意。对他来说，貌似枯燥的物理，实际上是一件非常有意思的事情。"

他是谁？1998 年诺贝尔物理学奖获得者——美籍华人崔琦。

开明母送儿求学

离开河南家乡前的崔琦

1939年，崔琦出生于河南省宝丰县一个贫苦农民家里，他是家中惟一的男孩。崔琦出生时正值抗日战争时期，而当他该上小学的时候，又赶上了三年内战。他的童年是在贫困和战火中度过的，童年生活给他印象最深的是不时挂在乡亲们嘴边的旱灾、水灾和战争。

崔琦的父母也象那个年代的大多数中国农民一样，从未有过上学的机会，也没有什么文化。崔琦的母亲虽然不识字，但却是一位极有见识的农村妇女，为了让儿子摆脱贫困，她坚持一定要让儿子读书。机会终于来了，在崔琦12岁那年，他的姐姐从香港返回老家，想把崔琦带到香港去读书，为此，父母发生了争执。崔琦的父亲考虑儿子已经渐渐长大，再过几年就是一个壮劳力了，想把他留在家中。但母亲从孩子的前途出发执意要送他到香港读书。就这样，母亲抓住了第一个也许是惟一一个让崔琦接受良好教育的机会，让崔琦跟随姐姐去了香港。母亲的坚持也决定了崔琦一生的命运。临行那天，崔琦的母亲把连夜亲手用土布缝制的几双鞋袜、几件衣服放进包袱里，平静地抚摸着儿子的头说：“你放心地读书去，到夏天收庄稼的时候，你就可以回家看娘了。”

谁想这一去，竟成了永别。从此以后，崔琦再也没能回过家乡，也没有见过父母。

好男儿勤奋自勉

带着亲人的嘱咐和重托，崔琦来到了香港。在香港，崔琦就读的培正中学是一所著名的私立中学，学费十分昂贵，崔琦的姐姐家境比较贫寒，本来难以负担弟弟的学费。但好在崔琦十分聪明好学，每年都能获得奖学金。再加上他为人谦和，尊敬师长，因此很得老师喜欢，每年都会给他“家境清贫，学费减免”的评语，使得他顺利地读完了中学。与昂贵的学费相对应的是该校的教育质量，这个学校的许多老师都是中国最优秀大学里最优秀的毕业生，尤其是在自然科学方面更是名师荟萃。然而，连年的战争迫使他们只能在香港教书以躲避战乱。这些

学生时代的崔琦

老师的见识和智慧使崔琦眼界大开，即使是他们回忆在北京大学度过的光荣日子时的一些不起眼的小事，也给他留下了难以忘却的记忆。正是老师们这种不经意的方式，使崔琦很早就放眼于人类科学前沿领域的新进展，积累了智慧和向机遇挑战的资本。

在香港整整六年的学习过程中，崔琦的表现一直都很出色，成绩单上所记载的所有科目都得了很高的分数。老师对他的评价是：很用功，懂礼貌，学业优异，成绩良好。

在以优异的成绩中学毕业后，含辛茹苦的姐姐又送他到了美国继续深造。1958 年，19 岁的崔琦只身来到美国，到伊利诺斯的奥古斯塔纳学院就读。奥古斯塔纳学院的氛围比较宽松，在这里，崔琦度过了他人生中最好的三年时光，他可以按自己的速度自由地阅读、学习和思考，第一次有时间回顾并思考自己所经历的事情。1961 年，他以优异的成绩大学毕业。

实现职业与事业的统一

大学毕业后，崔琦选择了芝加哥大学读研究生，并于 1967 年获得了芝加哥大学物理学博士学位。对于这个选择，在接受香港凤凰卫视中文台主持人杨澜采访时，崔琦这样说道："我想，这同杨振宁、李政道的影响有关。我来美国念书时，他们刚获得诺贝尔奖不久，他们的获奖对华裔学生影响很大。我们那代年轻人都觉得做科学家很有意思。用英文说，他们是我们的ROLE MODEL（偶像）。”杨李二人都曾在芝加哥大学学习过，正是因为这个原因，崔琦把能够到芝加哥大学接受研究生教育看作是最理想的人生。在芝加哥大学，崔琦遇到了物理学家罗亚尔·史达克，并成为了他的研究助理。在谈到这段往事时，崔琦这样说道：“我很早就意识到自己应该从事实验物理研究，我缺乏做庞大的实验计划的能力，而且缺乏对伟大项目的鉴别力，我应该做桌上的实验，当一个笨拙的研究者。罗亚尔·史达克信任我，让我用自己的双手在他的实验室里做每一件事情，使我得到了从基础学起的最好机会。”

崔琦在实验室里

由于出色的学习成绩和科研能力，1968 年，崔琦被世界著名的贝尔实验室录用。贝尔实验室被称为“诺贝尔奖获得者的摇篮”，先后有 12 名物理学家在这个实验室工作期间取得获诺贝尔奖的研究成果。在这里，对崔琦影响最大的是罗威尔教授。罗威尔教授善于抓住事物的本质，并能够巧妙地把物理学实验变成趣味无穷的探索过程，令崔琦感到做物理学实验乃是人间的极大乐事。

这段经历对崔琦有很大的影响，时至今日，崔琦仍然把做物理学实验当成了娱乐和游戏，他能随心所欲地设计各种模型，能制造出一个个用钱都买不到的新产品。在崔琦获诺贝尔奖的消息公布后的首次记者招待会上，他说："我很幸运。因为我所喜爱的事业与我谋生的职业是同一件事。"

其实，兴趣只是崔琦取得成功的原因之一，锲而不舍的追求精神、严谨求实的科学态度才是他取得成功更重要的原因。在发现分数量子霍尔效应后不久，崔琦离开了贝尔实验室，前往普林斯顿大学开始做教学工作。当朋友问他为什么会作出这种选择时，崔琦这样回答："或许是因为我在童年时期没能上学的缘故吧。或许是因为孔子在我心中的地位，在我独处时经常可以听到一个微弱的声音在对我说：'只有学习的一生才是惟一意义深远的一生。'那么，有什么方式能比通过教学来学习更好呢！"

参考书目

《百年诺贝尔科学奖启示录》 王渝生主编 农村读物出版社
《48位诺贝尔奖获得者寄语中国》 王恒、朱幼文主编 海南出版社
《50位诺贝尔大师致中国青少年》 廖红、郑艳秋主编 同心出版社
《诺贝尔科学奖百年百人物理学奖》 王恒、朱幼文主编 中国城市出版社
《诺贝尔科学奖百年百人化学奖》 王恒、朱幼文主编 中国城市出版社
《预约成功》 吴学东、梁国钊著 广西人民出版社
《与诺贝尔大师面对面》 《北京青年报》社/《发现·图形科普》杂志社编 文化艺术出版社
《20世纪世界杰出生理学家和医学家》 郭亦玲 沈慧君编 中国石化出版社
《科学发现纵横谈》 朱长超著 上海人民出版社
《世界著名科学家的故事》 周士林主编 国防科技大学出版社
《科学悲剧故事》 陈仁政主编 北京出版社
《科学趣味故事》 陈仁政主编 北京出版社
《科学的历史》 吴国盛著

《化学天才—炼金术的神话》 杨建邺主编 武汉出版社
《发明发现故事 300 篇》 刘宜学、陈卫斌主编 福建少年儿童出版社
《诺贝尔奖百年英杰》 柳鸣九主编 长春出版社
《青少年必知人物故事经典》 赵宏主编 中国三峡出版社
《巴甫洛夫的故事》 白易主编 明天出版社
《诺贝尔物理学奖 100 年》 郭亦玲、沈慧君编 上海科学普及出版社
《诺贝尔百年鉴·微观绝唱》 江向东、黄艳华著 上海科技教育出版社
《诺贝尔百年鉴·心智家园》 李蓓明著 上海科技教育出版社
《诺贝尔百年鉴·睿智神工》 江向东、黄艳华著 上海科技教育出版社
《诺贝尔百年鉴·认识原子核》 郑仁蓉、朱顺泉著 上海科技教育出版社
《10 位荣获诺贝尔奖女科学家小传·科学女人》 郑艳秋、朱幼文主编 海南出版社
《物理学史》 郭亦玲、沈慧君编 清华大学出版社
《量子力学》 樊锡君等编 山东教育出版社
《光学教程》 姚启钧原著 华东师大《光学》教材编写组改编 高等教育出版社

图书在版编目(CIP)数据

诺贝尔奖得主的成功之路.物理学篇/“诺贝尔奖得主的青少年时代”课题组编.—北京:社会科学文献出版社,2004.5

ISBN 7-80190-226-2

Ⅰ.诺...　Ⅱ.诺...　Ⅲ.诺贝尔奖金—物理学家—生平事迹—青少年读物　Ⅳ.K811-49

中国版本图书馆 CIP 数据核字(2004)第 021193 号

诺贝尔奖得主的成功之路(物理学篇)

著　　者 / 诺贝尔奖得主青少年时代的教育研究课题组

出 版 人 / 谢寿光
出 版 者 / 社会科学文献出版社
地　　址 / 北京市东城区先晓胡同 10 号
邮政编码 / 100005
网　　址 / http://www.ssdph.com.cn
责任编辑 / 范广伟　陈大良　楚友好
责任印制 / 同　非

总 经 销 / 社会科学文献出版社发行部　(010)65139961　65139963
印　　刷　山东省安丘市艺中印务有限责任公司
开　　本　850×1168 毫米　1/32 开
印　　张　7.125
字　　数　130 千
版　　次　2004 年 4 月第 1 版
印　　次　2004 年 4 月第 1 次印刷
书　　号　ISBN 7-80190-226-2/G·017
定　　价　全套四册 48 元(每册 12 元)
